Passaporte
para a China

Coleção Lygia Fagundes Telles

CONSELHO EDITORIAL
Alberto da Costa e Silva
Antonio Dimas
Lilia Moritz Schwarcz
Luiz Schwarcz

COORDENAÇÃO EDITORIAL
Marta Garcia

LIVROS DE LYGIA FAGUNDES TELLES
PUBLICADOS PELA COMPANHIA DAS LETRAS
Ciranda de Pedra 1954, 2009
Verão no Aquário 1963, 2010
Antes do Baile Verde 1970, 2009
As Meninas 1973, 2009
Seminário dos Ratos 1977, 2009
A Disciplina do Amor 1980, 2010
As Horas Nuas 1989, 2010
A Estrutura da Bolha de Sabão 1991, 2010
A Noite Escura e Mais Eu 1995, 2009
Invenção e Memória 2000, 2009
Durante Aquele Estranho Chá 2002, 2010
Histórias de Mistério, 2002, 2010
Passaporte para a China, 2011
O Segredo e Outras Histórias de Descoberta, 2012
Um Coração Ardente, 2012
Os Contos, 2018

Lygia Fagundes Telles

Passaporte para a China

Crônicas de Viagem

POSFÁCIO DE
Antonio Dimas

COMPANHIA DAS LETRAS

Copyright © 2011 by Lygia Fagundes Telles

Grafia atualizada segundo o Acordo
Ortográfico da Língua Portuguesa de 1990,
que entrou em vigor no Brasil em 2009.

CAPA E PROJETO GRÁFICO
warrakloureiro
sobre detalhe de *Suculentas berinjelas*,
de Beatriz Milhazes, 1996, acrílica sobre tela,
190 x 245 cm. Coleção particular.
Reprodução de Fausto Fleury.

FOTOS
Acervo pessoal de Lygia Fagundes Telles

FOTO DA AUTORA
Adriana Vichi

PREPARAÇÃO
Cristina Yamazaki/ Todotipo Editorial

REVISÃO
Luciana Baraldi
Luciane Helena Gomide

Dados Internacionais de Catalogação na Publicação (CIP)
(Câmara Brasileira do Livro, SP, Brasil)

Telles, Lygia Fagundes
Passaporte para a China: crônicas de viagem / Lygia Fagundes
Telles; posfácio de Antonio Dimas. — São Paulo : Companhia
das Letras, 2011.

ISBN 978-85-359-1965-3

1. Crônicas brasileiras 2. Viagens — Narrativas pessoais 3.
Telles, Lygia Fagundes — Viagens I. Dimas, Antonio. II. Título

11-09605   CDD-869.93

Índice para catálogo sistemático:
1. Crônicas de viagens : Literatura brasileira 869.93

1ª reimpressão

[2022]
Todos os direitos reservados à
EDITORA SCHWARCZ S.A.
Rua Bandeira Paulista, 702, cj. 32
04532-002 — São Paulo — SP
Telefone: (11) 3707-3500
www.companhiadasletras.com.br
www.blogdacompanhia.com.br
facebook.com/companhiadasletras
instagram.com/companhiadasletras
twitter.com/cialetras

*Para as minhas netas
Lúcia e Margarida*

Sumário

Nota da Autora 9

Passaporte para a China 11

SOBRE LYGIA FAGUNDES TELLES E ESTE LIVRO

Posfácio — *Felina China*, Antonio Dimas 79
A Autora 87

Nota da Autora

Meu filho — o cineasta Goffredo — e eu conversávamos sobre o nosso trabalho, o ofício da nossa paixão. Naquela tarde distante, contei-lhe que planejava editar essas crônicas de viagem e que foram publicadas semanalmente pelo jornal *Última Hora* na década de 1960. Dei detalhes da viagem: setenta e duas delegações do mundo foram convidadas para o desfile de 1º de outubro em Pequim, festejando o décimo primeiro aniversário da República Popular da Nova China.

Esclareci que essa delegação de convidados — assim como as demais delegações — não era de comunistas: o chefe da nossa delegação era um escritor de direita, presidente da Academia Brasileira de Letras (ABL). Nesse nosso grupo podia ter comunistas, é claro, mas nessa mistura tinha até uma belíssima atriz de teatro e mais esta escritora que podia ser considerada de esquerda, mas comunista?!... Lembrei que talvez o Jorge Amado tivesse indicado os nomes da nossa delegação, afinal, a tática devia ser essa, conquistar outras gentes...

Meu filho acendeu o cigarro. E agora, tantos anos depois, você pensa publicar essas memórias? E sem alterações, eu adiantei. Afinal, são memórias datadas e assim eu não tenho a liberdade de fazer as mudanças que costumo fazer nas revisões das ficções. Respeitar o tempo. Posso alterar a linguagem mas não a essência.

Certo, ele disse. E por falar em liberdade, vocês, convidados, tiveram liberdade total ou ficaram restritos aos programas do governo? Respondi que os nossos intérpretes nos acompanhavam o tempo todo para cumprir o programa oficial, só vimos mesmo o que nos foi permitido ver.

Meu filho ficou pensativo. Quer dizer que na posição de convidados, na realidade vocês foram seduzidos, certo? Concordei, foi o que aconteceu. Pois esclareça isso no caso de publicar esse livro, é bom lembrar que naquela época você não poderia mesmo saber que aquele governo iria se transformar numa ditadura.

Eu teria que ser uma vidente! respondi. E lembrei que o poeta Arthur Rimbaud declarou que todo escritor devia ser vidente, com o poder de ver o que os outros não veem, prever o futuro! Mas esse poder não teve aquela jovem viajante com o passaporte para a China.

Passaporte
para a China

RIO DE JANEIRO, 24 DE SETEMBRO DE 1960

Diz o horóscopo que os do signo de Áries não devem de modo algum se arriscar no dia de hoje.

Sou do signo de Áries e daqui a pouco, em plena noite, devo embarcar num avião a jato para a China. Escalas? Dacar, Paris, Praga, Omsk, Irkutsk e finalmente Pequim. Quer dizer, atravessarei quatro continentes: América, África, Europa e Ásia. É continente demais, hein!

Melhor tomar antes um chope duplo ali no bar do Lucas, defronte ao mar de Copacabana, ficar ouvindo a voz espumejante das ondas e esquecer que passarei horas e horas naquela "coisa" que às vezes a gente ouve cortar o céu tão rapidamente e com um silvo tão desesperado que quando se olha para as nuvens não se vê mais nada. Nada. A "coisa" já sumiu nas asas do vento, ah! quisera eu ter agora asas assim como os pássaros e os anjos porque voar com asas alheias e ainda com o astral contra... É melhor repetir a frase do velho soldado antes de seguir para a guerra:

"Treme, carcaça, treme e mais tremerás ainda se souberes para onde vou te levar!".

Cheguei ao aeroporto com a boca amarga, inútil pensar que o amargor vem do chope. Descansei a enorme sacola num banco, abotoei o casaco e fiquei olhando os meus sapatos de andarilha. *Viver é perigoso*, escreveu Guimarães Rosa. Suspirei, e voar!

A voz assim no éter avisou que teríamos que esperar mais duas horas e então fiquei pensando, as pessoas se dividem em dois grupos: as que têm medo e não escondem esse medo e as que têm medo e disfarçam. E de repente a voz da aeromoça faz estremecer a aparente paz do aeroporto, chegou a nossa vez. Seguimos em fila, silenciosos e fatais.

Na noite fria as mãos que ficaram acenando na despedida tentam afetar um entusiasmo que não existe: para trás fica a segurança da casa. A família. O travesseiro conhecido. O amigo. Pela frente, o imprevisto, o desconhecido e o mistério.

E porque amo o mistério, subo a escada e entro no avião que me parece um grande bicho solitário em meio à neblina, tão solitário quanto nós mesmos, os viajantes da noite.

Ao meu lado, Helena Silveira lança em redor o olhar aflito e aponta o vasto campo povoado de aviões. "Mas ainda assim há muita grandeza nisso tudo!", exclama ela. Tenho vontade então de dizer que se o avião explodir no meio das estrelas a nossa morte também se revestirá de uma certa grandeza. Fico em silêncio e apenas sorrio enquanto procuro as nossas poltronas.

Fecho o cinto de segurança. Balas na boca para atenuar a pressão, algodão nos ouvidos. Mas nem todo algodão do mundo nos impedirá de ouvir o ronco do jato que precisa soprar mais fortemente na arrancada inicial, é agora um bicho palpitante, acendendo as narinas. Acendo as minhas. Pronto, num esforço maior ele decola e parece subir numa linha vertical, o silvo mais agudo. "Mas isto não é avião, é foguete!", resmunga alguém no banco dianteiro. Recorro aos meus santos bem-amados, Valei-me meu Santo Antonio, meu São Francisco!... Fecho os olhos e penso em Sertãozinho e no carro de boi da minha meninice, ah! sei que se inaugurou uma nova era e que é maravilhoso viver numa era assim fabulosa, o homem solto num mundo sem porteiras! Mas neste instante eu gostaria de voltar ao gemente carro de boi e cochilar ao sol e ouvir aquele doce e lento ranger das rodas de um mundo sem pressa, nhem-nhem, nhem-nhem...

A aeromoça vem perguntar com um sorriso convencional se desejo alguma coisa. Através do vidro da janela vejo o negrume cortado por relâmpagos com as nuvens em desabalada carreira no sopro da tempestade. Volto para a moça o olhar sem esperança, ela ainda pergunta o que eu quero? Descer, minha senhora, gostaria simplesmente de descer!

Peço um copo de vinho. E quando olho novamente para fora vejo um céu iluminado, palpitante de estrelas. Voamos agora sobre as nuvens e a dez mil metros de altura, a tempestade se desencadeia aos nossos pés, mas estamos muito acima das tempestades. Helena Silveira já tomou suas pílulas e agora dorme tranquilamente. Tomo meu vinho e ainda assim me sinto uma pobre coisa por entre a imensidão e rolando pela eternidade.

DACAR, 25 DE SETEMBRO DE 1960

Exatamente seis horas após o embarque, por entre uma nesga de nuvem, avistamos lá embaixo Dacar, costa da África. O avião perde altura. A aeromoça pede que se aperte o cinto, ficou convencionado que em caso de acidente será melhor morrer amarrado do que solto. Como se já não tivéssemos as nossas amarras em vida...

Eis que a alma ainda lá estava acima das nuvens quando o corpo já estremecia sobre as rodas da aterrissagem, se me perguntarem agora qual a prova mais evidente da existência da alma, responderei prontamente: voe a jato! É na aterrissagem de um avião a jato que se pode então sentir (e com que precisão!) a presença de ambos, corpo e alma. Com a total perplexidade da alma — que não sofre a ação da gravidade — ao deslocar-se do corpo que desce na linha quase vertical.

Uma velha inglesa perdeu os óculos debaixo do banco. E enquanto ajudo a procurá-los ela me pergunta para onde estou indo. Para a China, respondo. Ela achou os óculos. Descemos agora a escada do avião e que lembra a própria escada de Jacó ligando a terra ao céu. "Você então é comunista?", ela perguntou e tive vontade de rir porque essa mesma pergunta me fez o jornalista Samuel Wainer lá em São Paulo. Eu ia apressada pela rua Marconi quando ele me fez parar, "Aonde vai com tanta pressa?". Vou tirar meu passaporte para a China! respondi. Ele ficou me olhando meio perplexo, "Mas você é comunista?". Achei melhor rir, Não, não sou comunista, sou assim subversiva mas não comunista, nem eu nem os meus companheiros de viagem, é uma delegação de escritores convidados para as festas de outubro, desconfio que foi o Jorge Amado que indicou os nomes e daí lá vai a delegação e eu no meio... Samuel Wainer me tomou pelo braço "Vamos tomar ali um café", convidou. E me fez a proposta, que tal se eu escrevesse crônicas sobre a China e que ele publicaria no jornal *Última Hora*, hein?! Combinaria a melhor forma das crônicas chegarem ao jornal que ele dirigia. E então?! Não era uma boa ideia? A crônica poderia ter este título, *Passaporte para a China*.

E agora, Dacar. Lá vou eu com a máquina fotográfica pendurada no pescoço e a cara assim do turista que sai do avião com o mesmo ar aparvalhado de um frango meio zonzo saindo do jacá.

Tomo o café da manhã no bar do aeroporto. Na mesa estão alguns dos meus companheiros de viagem, a delegação dos intelectuais convidados pelo governo chinês: o escritor

Peregrino Júnior, da Academia Brasileira de Letras (ABL) e presidente da União Brasileira de Escritores (UBE). Raymundo de Magalhães Júnior, também da ABL. Helena Silveira, contista e jornalista, o escritor Adão Pereira Nunes, a atriz Maria Della Costa, o empresário Sandro Polônio e esta contadora de histórias.

O café — com um remotíssimo sabor de café — é servido pelos nativos, negros muito altos e esguios, o fez na cabeça e os camisolões brancos que lhes chegam até os pés. Calçam sandálias, gesticulam muito e falam um francês estranho, quase incompreensível.

Creio que os negros de Dacar são os mais belos que já vi: o negrume é puro, sem mistura e tão elegantes nos seus trajes típicos! As mulheres usam longos vestidos de cores vivas, as saias rodadas. Trazem muitas vezes os seios descobertos e colares e enfeites vistosos nos braços e na cabeleira caprichosamente trançada. Algumas usam túnicas entremeadas de fios dourados.

Gostaria de rever o mercado de Dacar e onde se vende tudo em meio a cheiros violentos, gostaria, sim, de rever as agitadas ruas com seus vendedores oferecendo espalhafatosamente aos turistas os pentes de marfim, as máscaras esculpidas na madeira, almofadões de couro, panos, bolsas... Rever a loura europeia passando com seu bebê rosado e rever a nativa com seu menino fortemente amarrado às costas, muito ereta e luzidia, arrastando a túnica colorida com a nobreza que nos faz pensar em rainhas negras de um antigo reino extinto.

A voz anuncia em francês o retorno ao avião. Sigo pelo aeroporto no passo do constrangimento, ah! seria bom ficar mais tempo em Dacar mas é preciso prosseguir e ser amável com o comissário de bordo, um jovem sorridente que nos deseja uma boa viagem! Abro um sorriso amarelo e penso no poema de Carlos Drummond de Andrade, *Canta-*

remos o medo da morte e o medo de depois da morte,/ depois morreremos de medo/ e sobre nossos túmulos nascerão flores amarelas e medrosas.

Apagar os cigarros. Amarrar os cintos. Alguns passageiros parecem tranquilos como se estivessem nas respectivas cadeiras de balanço. Outros, como o gigante Atlas que sustentava o mundo nos ombros, estão tensos porque sustentam nos ombros o avião.

Olho à minha direita e dou com a velha inglesa que me examina com a expressão meio intrigada, Pois é, minha senhora, agora não sou de nenhum partido, agora eu sou de Deus.

PARIS, 25 DE SETEMBRO DE 1960

Mais de seis horas a dez mil metros de altura e eis Paris lá embaixo coberta por uma névoa branda. Doze horas do nosso Galeão ao aeroporto de Orly, doze horas de voo no jato que funga e assobia como um louco varrido nessas arrancadas que parecem visar à Lua. O espaço está mesmo vencido pelo homem, resta o tempo mas o tempo já não parece ter a mesma importância para a aeromoça que vai lá na frente do avião e com a graça irresponsável de uma criança adianta os ponteiros. Resta-nos adiantar também os nossos relógios, acertar o relógio com o do jato *Para vivermos em horas sempre iguais*, como diz a valsa que Francisco Alves cantava.

Nossos avós levavam dias e dias nas longas viagens em fagueiros vapores, os carros de boi marítimos conduzindo fazendeiros para "torrar" com as francesas o dinheiro dos cafezais. Era moda chamar Paris de Cidade-Luz, usar uma grossa corrente de ouro no colete — sinal de equilíbrio econômico — e ter uma amante francesa, "teúda e manteúda" como diz o Código do Império. Italiana não servia. Nem espanhola. Tinha que ser uma francesa. Lembro que muitas vezes durante a noite, ao invés de ir dormir, eu me escondia debaixo da mesa da sala para ficar ouvindo a conversa dos adultos, conversas tão ousadas que fico pensando que não existiram ou que vagamente faziam parte de um sonho.

Tinha a história de um belo tio-avô que quando jovem foi estudar pintura em Paris. Comprou um casaco de veludo preto, uma boina, deixou crescer a barba e mergulhou numa vida de tanta boemia que, três anos depois, acabou morrendo tuberculoso. Pintou um quadro. Havia ainda outro tio-avô — esse mais robusto — que bebia champanhe no sapatinho das vedetas, aqueles sapatinhos de cetim. Empobreceu e quando chegou a hora de voltar para o Brasil estava tão acabrunhado que preferiu afogar-se no Sena, tentativa de permanecer na cidade embora num leito do rio. E ele foi enterrado aqui? perguntei. Nesse instante, de forma brusca demais para o meu gosto, fui arrancada de debaixo da mesa e transportada para o quarto.

Histórias, histórias... Hoje não existe mais aquela farta adjetivação, Paris é Paris, o champanhe é bebido nas taças, os nossos suicidas preferem os rios nacionais e não é nenhuma vantagem contar as aventuras vividas com uma vedeta do Lido. "Tudo perdeu o antigo encanto", lamentou outro dia um sobrevivente daquele tempo.

Pois ali estávamos atravessando Paris de ônibus, rumo ao hotel onde ficaremos apenas uma noite. O contato com a cidade não poderia ser mais superficial mas foi o suficiente para sentir que o encanto permanece, renovou-se apenas, os velhos é que passaram mas a cidade é eterna.

Outono e a folhagem das árvores com um tom de ouro antigo. Um frio suave corre na brisa. Acendem-se as primeiras luzes. Vou lendo nas tabuletas os nomes das praças, das ruas e muitas são minhas conhecidas pois por elas passaram tantas personagens de livros que li desde a adolescência. A emoção me enternece, inútil pensar na literatura porque mais bela que a palavra escrita é aquele chafariz no meio da praça. E a dignidade dos prédios que sabem que não vão ser demolidos porque foram feitos para permanecer, Não, não é como no Brasil onde prédios de dez anos são considerados velharias, Depressa! é preciso demolir para reconstruir que para isso foram feitas as picaretas. Tínhamos algumas belas construções, mas somos agitados demais para pensarmos em tradição. Parece que Ouro Preto está resistindo às investidas e que Deus a conserve assim, com suas ingênuas casas pintadas de rosa e azul e suas românticas igrejas com os anjinhos voejando em torno de imagens com a marca do Aleijadinho. E por falar em anjo eu lembro agora que foi o escritor cubano Lezama Lima que tão bem definiu o estilo barroco: *O barroco tem um anjo a mais.*

Paris completou dois mil anos mas não pensa em fazer plástica. Espero que daqui a dois mil anos cessem também para nós as tais reformas indispensáveis e se estabilize a fisionomia da cidade. Assim seja!

Em meio ao crepúsculo arroxeado, como que suspenso no ar vejo lá longe o Arco do Triunfo. Avidamente vou colhendo as imagens antes da noite. Guardo aquela esquina com a velha vendedora de flores oferecendo um ramo de violetas ao casal de namorados, ele de barbicha e pulôver, ela de cabelos muito curtos, saia muito curta e livros debaixo do braço. Antes do ônibus fazer a curva pude ver que eles se beijam, assim com essa simplicidade de quem sabe que pode beijar e ninguém se importa. Guardo o perfil de uma enorme árvore e guardo o perfil de uma estátua — músico ou escritor? — que tem a vasta cabeleira ao vento e a mão estendida e aberta. Não pude ver o nome gravado na pedra mas vi pousada na palma da mão de mármore uma folha que o vento ali deixou.

PARIS, 25 DE SETEMBRO DE 1960

Ao anoitecer chegamos ao hotel no Boulevard des Italiens. Devíamos prosseguir viagem no dia seguinte rumo a Praga e assim meu primeiro impulso foi deixar a mala no quarto e sair para ver a cidade na noite outonal, ah! uma noite tão sedutora. Mas esse impulso não é para viajantes que levam pacotes de café na bagagem, levo meia dúzia deles porque ouvi dizer que os chineses gostam de café e assim achei uma ótima ideia oferecer essas lembranças. O susto quando abri a sacola e encontrei parte da roupa assim marrom, dois pacotes tinham rompido e o pó finíssimo na blusa, no casaco... Escolhi o costume escuro e carreguei na dose de perfume para disfarçar o cheiro de café que me envolvia assim como uma aura. Presença do Brasil, respondi aos companheiros quando entrei no elevador e estranharam o cheiro, Presença do Brasil!

Nas ruas, as vitrinas acesas e tanto movimento e tantas luzes, ah! que delícia ir assim livre na noite cálida. Escreveu Erico Verissimo que as cidades são masculinas e femininas como os seres humanos. Quanto a Paris, ele achava que era uma cidade hermafrodita por reunir os caracteres dos dois sexos. Não concordo com o nosso romancista: Paris é do sexo feminino, creio que não existe cidade mais feminina do que Paris, mulher vaidosa e assim felina feito uma gata sensual que se oferece ao turista deslumbrado mas esconde a face verdadeira, a face profunda que fica oculta e que só obedece à voz do dono e esse dono é francês.

Resta ao turista contentar-se com essa face superficial, ele está só de passagem e quer se divertir, na portaria do hotel já encontra um programa oferecendo as grandes novidades da noite, é escolher e tomar o táxi que está esperando na rua, ah! contar depois aos amigos, "Ih! num sábado em Paris fui a um cabaré onde dancei com uma mulher quase nua, era linda mas de repente começou uma briga com um apache ciumento e quase fui anavalhado, acabei fugindo pela porta dos fundos!".

E não sabe que a farsa foi preparada para chocar os inocentes do Leblon dispostos a gastar com a generosidade dos complexados que não conhecem nem a cidade nem a língua. Como desconfiar que o tal apache de costeletas negras que armou a briga no salão do cabaré é um pacato cidadão que comunga aos domingos. E que a mulher jovem que esconde o dinheiro na liga é a esposa do gerente da casa e aquela mocinha desnuda com tiques de cocainômana é a mãe de três filhos, o caçulinha se restabelecendo da tosse comprida. Sim, tem os museus que são programas tranquilos mas o primo de meu pai reagiu, Ora, então pensa que vou a Paris para ver quadros?!

Entrei num restaurante e o garçom perguntou, "A senhora é espanhola ou italiana?". Quando disse que era brasileira a cara do homem resplandeceu, "Oh!... Brésil?!". E pediu informações, a nova cidade, essa Brasília, não era mesmo uma cidade maravilhosa? Soube que lá faziam-se fortunas do dia para a noite, quem quisesse enriquecer era só subir na carroça e tocar para a frente! Pensei então nos filmes americanos com aqueles tipos de chapelão e lenço no pescoço e que vão em busca do ouro sob a chuva das flechas dos índios que aparecem no canto esquerdo da tela. "O meu sonho é ir para Brasília e abrir lá um restaurante!", o garçom suspirou. Concordei, um belo sonho conhecer uma cidade que estava nascendo e já com uma divisa em latim, *Venturis ventis! Para os ventos vindouros!* Não era mesmo poético, Aqueles ventos que hão de vir!

Quando paguei a conta descobri a melancólica desvalorização da nossa moeda, mas então o cruzeiro não vale nada! A solução era ir trocando os dólares e não lembrar que para ganhá-los foi preciso trabalhar trezentos e sessenta e cinco dias e dois domingos. Ah, sim, tinha a classe dos políticos na fartura mas o povão, esse não podia conhecer sequer o mar lá da praia de São Vicente. E o garçom sonhando com o rio de ouro correndo na rua...

As vitrinas continuavam iluminadas e os cafés repletos, com as pequenas mesas invadindo as calçadas. Notei que as mulheres já não têm mais os cabelos armados nos penteados com altos topetes sustentados por novelos de lã, a moda é das cabeças pequenas com cabelos curtos e um tanto despontados, livres, escovados pelo vento. Os homens jovens ou maduros usam agora o penteado também curto, puxado assim para a frente e caindo numa ligeira franja sobre a testa, lembrando Napoleão. No Brasil eles deviam estar assim com essa franja mas agora era preciso ver como estão os penteados na China.

PRAGA, 26 DE SETEMBRO DE 1960

O jato tcheco que nos transporta de Paris para a capital da Tchecoslováquia pareceu-me bem menor do que o jato francês e ao entrar em seu bojo, senti que dali para diante ia começar outro mundo e outra civilização.

Nas poltronas da frente dois homens louros e cabeludos falam uma língua misteriosa. E os jornais e revistas ao redor, também escritos na língua impossível. Apanhei uma revista ao acaso e como uma criança fiquei a ver os retratos das princesas rivais Soraya e Farah Diba, ah! as intrigas da realeza neste mundo que segundo o nosso cancioneiro popular ficou reduzido a "Oropa, França e Bahia". Pois é um mundo muito maior, pensei olhando a reportagem, afinal, a bela Soraya está mesmo sofrendo muito com o nascimento do filho da rival? Fechei a revista. Qualquer jovem que passou pela escola como gato por brasas sabe reconhecer o amor em espanhol, em italiano, em francês e em inglês mas como será amor em tcheco ou chinês?...

Eis que daqui por diante entramos no reino das palavras "em estado de dicionário", como as classifica o poeta mineiro. Inútil tentar desvendá-las, a solução é nos prepararmos para usar a linguagem silenciosa das mãos. Estamos a quase doze mil metros de altura e o céu tão azul! A aeromoça não é tão elegante quanto a francesa mas é menos convencional assim corada e brilhante como os frios servidos no pequeno almoço. A cerveja é a famosíssima Pilsen, tão dourada e tão forte que parece um sol líquido espumejando no copo. Bebo devagar porque aprendi com meu pai que cerveja deve ser bebida lentamente para assim lavar melhor o coração.

Fecho os olhos e vou lembrando tudo o que sei sobre Praga: a capital da Boêmia e banhada pelo Rio Moldava. Cidade fértil, romanticamente plantada sobre sete colinas. Especialidades da terra? Os famosos cristais da Boêmia, a cerveja que eu tinha acabado de beber e os objetos de arte com destaque para as joias, a bela granada que tem o mesmo vermelho profundo do rubi. Muitos instrumentos musicais e metalúrgicos. O escritor é Franz Kafka, um dos maiores do mundo e o patrono da cidade é São Nepomuceno, o bravo mártir que por ordem do rei Wenceslau foi atirado ao rio, isso por ter se recusado a revelar certa confissão que lhe fizera a rainha.

Duas horas de Paris a Praga. Mergulho no meu primeiro sono a jato até ser sacudida pela voz avisando que vamos pousar dentro de alguns minutos. Assim que as rodas pousaram na terra agarrei-me à poltrona com uma força de mil leões, ai! essas descidas violentas que não combinam com esta natureza contemplativa.

Faz frio. O aeroporto é vasto e muito limpo com seus longos bancos e guichês onde se verifica se o passaporte está carimbado. Em seguida, aqueles balcões onde mãos peritas apalpam as sacolas e maletas para descobrir se ali não há cocaína, cadilaques desmontáveis ou a cabeça decepada da velha tia rica que por sinal caberia melhor numa chapeleira, isso se as chapeleiras ainda estivessem na moda. Somos examinados com certa desconfiança ou é apenas impressão desta convidada? Muitos restaurantes com as pequenas lojas vendendo as curiosidades da terra. No Brasil, estão na moda os pratos e cinzeiros com asas de borboletas azuis, tão belas as asas das borboletas caçadas nas nossas matas, ah! eis aí um comércio cruel mas os turistas gostam. Nas vitrines daqui há muitos anéis de pedras, cristais, rendas e as bonequinhas de pano com os trajes típicos, rosadas e louras e oferecendo na mão estendida uma pequena flor.

Tomamos o ônibus para o hotel. Praga é uma bela cidade silenciosa, quieta. As ruas são largas e limpas, os prédios em geral com suas linhas clássicas, ah! a doce paz de uma cidade que parece não se importar em chegar na frente nessa corrida da competição. E como há verde em Praga! Tantos parques e jardins, o verde também nas residências particulares porque em cada janela ou balcão há sempre potes de folhagens, doce cidade que parece assim mergulhada numa paz porque até a brisa é mansamente verde. Muito bela a sua cidade! eu disse ao nosso acompanhante e ele entendeu o francês. Paz igual só conheci em Florença, num crepúsculo povoado de estátuas e pombos.

PRAGA, 26 DE SETEMBRO DE 1960

O hotel do tipo internacional é confortável e de bom gosto. Debruço-me na janela do quarto que dá para uma pequena praça. Árvores. Balcões floridos nas casas. Ao longe, as torres de um castelo emergindo em meio a um grande tufo de folhagem. Poderá a poeira do tempo enevoar a minha memória e sei que não vou esquecer como era verde o verde de Praga.

Penso na minha cidade tão seca e dura, carros em excesso e esse delírio de prédios. E o paulista cada vez mais solitário, falta da terra e do verde. Qual será o prefeito que vai se lembrar de nos oferecer árvores e jardins? E ruas limpas, oh! este *Sonho de uma noite de verão*. Pessoalmente não quero nada do que os políticos oferecem em época de eleição, não, não quero nem estátuas de ouro nem concertos gratuitos com anjos tocando harpas nem metrôs aéreos nem estradas supersônicas, não sei o que será uma estrada supersônica mas é bonito de ouvir, estrada supersônica! Pois não quero nenhuma dessas maravilhas mas ficarei satisfeita com ruas limpas e com praças ou parques dando um pouco de sombra ao pobre do transeunte que não tem onde descansar no verão.

Após o jantar — comida saborosa do tipo internacional — Helena Silveira e eu saímos para dar uma volta. Alguns da delegação tomaram táxi, nós preferimos um bonde para ver de perto o povo porque o povo usa o bonde com os bancos ao longo do carro e o cobrador lá no fundo, junto à porta da saída mas esse não era um cobrador, e sim uma risonha cobradora fardada.

Fiquei olhando os passageiros, mulheres de cara redonda e pele muito branca com um ligeiro corado. Cabelos e olhos claros, mãos e pés grandes, bem plantados no chão. Os homens robustos e sanguíneos, mais falantes do que as mulheres e vestidos com simplicidade. Bem calçados. Algumas mulheres usam o clássico lenço de cores atado sob o queixo, à maneira das camponesas e alguns homens usam jaquetas de couro e bonés de couro ou de lã, ai! há quanto tempo eu não via um homem usando boné, o último foi meu pai e ainda assim, num retrato. Mas por que os brasileiros baniram o elegante boné nas ruas?

Os olhares intrigados dos passageiros estavam voltados para nós, Que língua seria aquela e de que lado do mundo tínhamos vindo? O que me fez pensar que em Praga não é mesmo frequente a presença de estrangeiros, afinal, em Paris pode aparecer o próprio índio do Amazonas e ninguém está se importando, mas Praga não pertence a esse tipo de cidade, o estrangeiro ali é notado como alguém que chega e entra no seio de uma família.

Praga também é uma cidade do sexo feminino mas sem o decote e sem os olhos pintados. Tem a fisionomia tranquila de uma balzaquiana de cara lavada, mãos limpas e afeitas às tarefas de lidar com a casa e com as flores.

Um alto e louro militar logo notou que minha amiga e eu estávamos em dificuldade e então veio ao nosso banco, sim, queríamos chegar ao centro mas quando deveríamos descer? Num inglês modestíssimo ele disse que nos avisaria, mais cinco minutos e estaríamos no coração da cidade.

Fomos andando pelas largas ruas de construções imponentes, em estilo predominantemente barroco. Muitas vitrines acesas exibindo maquinarias, cristais, tecidos... E principalmente muitas lojas oferecendo os mais variados frios, alguns eu não conhecia mas eram sedutores junto das garrafas de vinho. Eis aí um povo que devia comer e beber bem, bons dentes, foi o que eu disse ao nosso improvisado cicerone que sorriu e perguntou se queríamos ver o Rio Moldava que estava perto. Ficamos em silêncio, debruçados na ponte e vendo ao longe as embarcações dançarinando iluminadas e pondo reflexos fulgurantes no negrume das águas. Tão romântico esse seu rio, eu disse ao militar. Ele agradeceu e seus dentes tinham a tradição de bom trigo e do leite. Pensei nos nossos brasileiros sem creches, sem escolas e sem hospitais, alimentados com tapioca, mas inteligentes, o esqueleto assim atrofiado e a mente desabrochando viçosa feito uma flor, seria a lei das compensações?

Na volta vi o perfil dos castelos na noite clara. Ficamos sabendo que esses castelos eram no passado moradias suntuosas e que foram abertos à visitação popular. Pensei como seria bom viver assim num desses castelos. Alguém tinha me dito que Jorge Amado passara uma longa temporada em Praga, ah! cidade ideal para se inspirar e escrever!

Quando voltamos ao hotel nos despedimos do nosso cicerone e ficamos de lhe enviar informações sobre o Brasil, Adeus! Confesso que não quis subir logo para o quarto, minha cama tinha um colchão e travesseiro de penas e era macia como um ninho, mas eu queria ficar mais tempo na noite. Despedi-me de Helena Silveira e segui em frente, Subo em seguida!

Quando cheguei até a pequena praça pensava em Franz Kafka, escritor da minha paixão e que dizia que um livro deve ser assim como um machado para quebrar o nosso congelado mar interior. Morreu jovem e brigado com o pai e com o mundo. Onde está você nesta noite?! eu perguntei e fiquei olhando para a mais cintilante das estrelas.

MOSCOU, 27 DE SETEMBRO DE 1960

Acordei cedo, disse adeus ao meu ninho do hotel de Praga e lá fui com a delegação para o aeroporto, agora Moscou.

Na infância ouvi a avó dizer que se o lugar era muito distante, "Ah! mas isso fica pra lá do inferno velho onde Judas perdeu as botas e até as meias!".

Então a China ficava mesmo no inferno velho porque o inferno novo, esse era o nosso. Nos países socialistas os aviões só decolam quando há segurança de voo, ou melhor, teto garantido para aterrissar na próxima escala. A manhã estava azul em Praga mas a informação é que Moscou estava mergulhada na bruma e assim ficamos vadiando pelo aeroporto até que ao meio-dia finalmente fomos chamados. Deixamos no bar a caneca de chope e entramos no superjato soviético, o famoso U9, ah! viajávamos cada vez mais rapidamente. E eu que não tinha tanta pressa assim, Calma! tive vontade de dizer ao comandante que entrou sorridente e se enfurnou na cabine até fazer o avião decolar ainda mais furiosamente do que os outros jatos. Enfim, esse devia ser um supercomandante e a solução era ser uma superpassageira que fingia ler a revista francesa enquanto a *coisa* resfolegava feito um bicho agônico na ânsia de subir. Meu Deus, e se isto aqui explode! pensei e cheguei a rir, tudo bem, o costume é despachar os defuntos para serem sepultados na pátria, mas nesta altura será que vai sobrar algum suvenir para ser despachado? Foi o que confidenciei ao Magalhães Júnior na poltrona ao lado. Ele riu e fez uma pergunta, Por acaso esse jornal *Última Hora* tinha o patrocínio de alguma companhia de aviação? Porque com a publicação dessas minhas crônicas e as empanicadas manifestações aéreas será que esse anunciante ia continuar anunciando?!...

Rimos juntos e quando olhei pela janela a estabilidade do jato era perfeita, com a asa pairando no ar assim como uma pluma, ah! que maravilha, hora e meia depois da partida já estávamos desembarcando em Moscou.

Muito frio e muita gente no aeroporto movimentadíssimo, os militares com suas elegantes fardas, capotões verdes e reluzentes botas pretas feitas com o próprio couro da Rússia. As mulheres também altas e com os clássicos lenços de cores atados sob o queixo. Algumas com elegantes gorros de pele e bem calçadas, era a burguesia? Vi também mulheres de roupas rústicas e pesadas botas de borracha, recolhendo as cestas de lixo do aeroporto limpíssimo.

Nas pequenas lojas da sala de espera, as especialidades da terra: joias de âmbar e granada, gorros de pele, muita cerâmica popular, bonecos com os trajes típicos... No bar os deliciosos sanduíches de caviar e salmão. O café fraco mas a vodca fortíssima, pensei ao tomar o primeiro gole. E eis que de repente todo o sangue do mundo subiu-me ao rosto, estou na Rússia! Tanta euforia, era uma pena não entender a conversa ao meu lado da rosada moça de olhos pretos com o namorado de olhinhos claros e cabeleira assim engrouvinhada de um pequeno leão. Lembrei-me do escritor Sérgio Milliet que confessava não ter vontade de ir para países de língua estranha porque ficava aflito por não entender o que dizia o homem do botequim, ah! a fala importante do homem que sabe tudo.

Contentei-me em comer mais um sanduíche que pedi por meio de gestos enquanto ouvia em bom português a comunicação do presidente da nossa delegação: um problema, tínhamos esquecido de visar o passaporte em Praga e sem esse visa oficial não podíamos sair do hotel durante a nossa curta passagem pela cidade. Ora, e eu sonhando em andar por aquelas praças e ruas, me perdendo e me achando nos mistérios dessa Moscou! Um simpático chinesinho de farda azul que nos recebeu no aeroporto já tinha saído com os passaportes para tomar providências. Suspirei. Seguiríamos a viagem no dia seguinte sim, mas sem o sagrado direito de ir e vir na cidade ali adiante. Gente chegando, gente partindo naquelas ondas sucessivas e nós ali com as nossas sacolas. "Mas não há mesmo nada a fazer?", perguntou Helena Silveira. Nada a não ser esperar pelo chinesinho que fora tomar providências. E suspirar e seguir o conselho do poeta Manuel Bandeira, *A única coisa a fazer é tocar um tango argentino!*

MOSCOU, 28 DE SETEMBRO DE 1960

Quando o moço chinês voltou ao aeroporto, já era noite fechada. Trouxe os passaportes dos brasileiros e a notícia, não foi mesmo possível visar os passaportes, conseguira apenas uma licença especial para irmos ao hotel e lá permanecermos até o dia seguinte para prosseguir a viagem.

Tomamos o ônibus. Chuva. Vento. E o que mais? Ah, sim, o primeiro hotel onde paramos estava lotado. Tinha uma bela bandeira vermelha com o retrato de Lênin na entrada mas não tinha quartos. Tocamos para o hotel seguinte, próximo ao aeroporto e distante do centro da cidade. São quarteirões e quarteirões de hotéis populares, todos do mesmo tipo, blocos maciços de construções de tijolos vermelhos, uma zona de hotéis para trabalhadores e viajantes. Nesse segundo hotel conseguimos acomodações, ou melhor nessa vasta estalagem de muitos andares, elevador antigo e escadas de pedra.

Quando vi o quarto sem banheiro fiquei deprimida, ah! tanta vontade de me estender na cama e ali ficar até o dia seguinte e mais algumas horas. O brasileiro pode passar sem café e sem jogo do bicho, mas sem banho ele não fica não. E lembrei-me de uma arrumadeira num hotel de Paris me perguntando, entre intrigada e receosa se por acaso, *par hasard* os brasileiros não tinham alguma doença de pele, ah! essa mania dos banhos diários!... Já estava na hora do

Imagem da capa, dedicatórias e primeira página da edição chinesa de *Ciranda de Pedra*.

第 一 部

1

维吉妮娅急匆匆爬上楼梯，钻进卧室，锁上房门。

"孩子，把门打开！"鲁西安娜在门外喊。

维吉妮娅靠在墙上，咬着指甲，望着一只沿门框往上爬的蚂蚁。"如果钻进这条缝，你会憋死的！"她轻轻地说了一声，随后把它吹到地上。"小傻瓜，别害怕，我是为了救你一命。"她伸出食指，把蚂蚁拨到一边。这时，突然看到咬得露出了肉的指甲。奥达维娅的指甲又浮现在眼前。她一下子把蚂蚁掐死了。

"维吉妮娅，我不是在开玩笑。孩子，开门，快开门呀！"

"现在不行。"

"为什么？"

"我正在干一件事……"维吉妮娅随口推托说。其实，她想起了贡拉多的话："虫子也和人一样，有灵魂。弄死一条小虫就如同杀死一个人。如果你心地狠毒，以弄死它们取乐，来世会变成小虫，变成令人讨厌的动物，比如蛇、老鼠、蜘蛛……"她趴在地板上，痛心疾首，慢慢爬到卧室中间。

Abaixo, chegada da delegação brasileira de escritores em Pequim. Ao lado, Helena Silveira, Sebastián Salazar (da delegação peruana) e Lygia junto a escritores chineses.

Lygia e Helena Silveira acompanhadas de Sebastián Salazar.

Delegação brasileira em Shangai.
Ao lado, Lygia, de lenço na cabeça,
e Maria Della Costa, de óculos escuros,
junto a duas outras turistas em Pequim.

Nestas páginas, Lygia na Casa do Escritor, em Pequim. Ao lado, em cima, Lygia entre Helena Silveira e Peregrino Júnior.

Lygia arruma o lenço enquanto caminha
pelas ruas de Pequim com seus colegas.

Lygia, Helena Silveira e Magalhães Júnior em visita a uma indústria chinesa. Ao lado, caravana de convidados brasileiros em Shangai. Em primeiro plano, da esquerda para a direita, Peregrino Júnior, Magalhães Júnior entre mulher não identificada e escritor chinês, Lygia Fagundes Telles e Sandro Polônio. Atrás, Maria Della Costa, de cabelos curtos, e Helena Silveira, de óculos escuros.

jantar, mas antes da sopa — um banho quente com uma toalha bem felpuda, ai! os pequenos prazeres...

Na realidade não tive nem o bom banho nem a sopa sonhada, a água estava quente, mas era um banheiro coletivo, uma sala enorme, com os chuveiros enfileirados. Chão de cimento e bancos onde deviam ser amontoadas as roupas. Era entrar na sala, arrancar os sapatos, despir-se diante de outras mulheres e lá ir pisando na ponta dos pés pelos corredores molhados até chegar ao chuveiro sobre um estrado de madeira. Depois, tiritando de frio, se vestir tomando todo o cuidado para a roupa não cair no cimento cheio de poças d'água.

Uma mulher grandalhona, para nos dar coragem tirou o lenço atado no queixo, tirou o corpete, as saias e depois de nos acenar cordialmente, foi andando nua na nossa frente. E ela não era exatamente uma daquelas rosadas banhistas de Degas ou Renoir, era tão obesa, ah! a feiura do nu feio!

Reagi, vamos! ralhei comigo mesma. Seja mais realista, deixe de lado as fantasias românticas e fique até satisfeita de conhecer uma estalagem popular na Rússia e nela tomar banho com a operária tão cordial.

Voltei para o quarto mais animada. E encontrei Helena Silveira sentada na borda da cama, com a toalha enrolada na cabeça e ligando o pequeno rádio de cabeceira — em todos os quartos com duas camas modestas tinha um rádio de cabeceira. Acendeu o abajur. "Você não acha que essa música e essa luzinha acesa dão uma ideia de mais conforto?", ela perguntou.

Concordei. E desatei a rir. Assim como todos também ela estava com aquele ar de gato mimado que ficou sem a almofada e começa então a dar voltas e voltas em busca da almofada que faz parte do paraíso perdido. Um hotel que está longe de ser a república sonhada e ainda assim não podíamos nos afastar dele até a hora do embarque. Fechei o casaco e fui para o restaurante com os operários grandalhões e bigodudos ao lado de algumas mulheres nas pequenas mesas metálicas. Era preciso apanhar a bandeja, o prato e se aproximar do balcão onde estavam as comidas no sistema "Sirva-se". Depois, mergulhar o pão no caldo escuro, como fazia o velho de barbas, gorro negro e botas à maneira dos antigos mujiques. Pensei nos personagens de Dostoiévski que assim se vestiam e assim comiam, as mãos pesadas, as unhas escuras e olhos enfurnados sob sobrancelhas densas, brasas vivas ardendo na penumbra. Comi ainda os frios com o saboroso pão molhado na mostarda fortíssima.

"Quando estive aqui da outra vez, fiquei hospedada num hotel com tapetes, lustres de cristal e potes de caviar servidos no café da manhã", disse a bela Maria Della Costa encarando a mesa tosca. Sim, Moscou tinha hotéis resplandecentes. Mas era bom lembrar, não éramos convidados de Moscou, o nosso convite veio da China.

Melhor dormir ouvindo Tchaicóvski no rádio de cabeceira que agora tocava uma valsa delirante. Fechei os olhos e lá fui rodopiando, rodopiando...

MOSCOU, 28 SETEMBRO DE 1960

Manhã enevoada. Debrucei-me na janela do quarto da estalagem e fiquei a olhar a rua. Raros carros e raros transeuntes. No parque defronte, árvores de folhagem cor de ferrugem.

Outono em Moscou. E ainda o frio. Desço para o café da manhã que não é café, mas um verdadeiro almoço, o russo gosta de comer e agora entendo por que os homens são grandes e as mulheres rosadas e assim redondas. No caixa do refeitório uma russa morena teve um sorriso de surpresa ao ver a minha bandeja com a caneca de chá e o pão com manteiga. Nós somos assim delicadinhos, eu disse enquanto pagava e sentindo um especial prazer em dirigir-me às pessoas sem a menor esperança de ser compreendida. O desencontro das línguas, eis a confusão da Torre de Babel e na qual é travado o diálogo impossível com uma certa graça maligna.

Eu sei dizer olhos negros em russo, prossegui apontando-lhe os olhos escuros, quando estudante eu cantava isso no violão, *ôchi chiornia, ôchi chiornia*!... Ela deu uma risada, exibindo melhor os dois caninos de ouro que me fascinavam. E lembrei-me então de uma antiga amiga da minha mãe lá em Sertãozinho, a dona Paula. Tinha também os dois caninos de ouro e o mesmo cabelo assim forte e preto, preso numa trança em torno da cabeça como uma auréola. Sim, *Grande e estranho é o mundo*! lembrei enquanto tomava o meu chá, não é que vim encontrar a dona Paula na Rússia?...

Sempre achei o russo assim parecido com o brasileiro, com o nosso caboclo — e agora não me refiro ao frágil Jeca Tatu de Monteiro Lobato, mas ao bravo sertanejo de Euclides da Cunha, um homem do sertão, rude, meio selvagem... e ao mesmo tempo, sentimental. Gosta de cantar, dançar e beber com o mesmo ardor com que se empenha numa luta. E alguns gostam também de exibir os tais dentes dourados.

O poeta Pereira Nunes, nosso companheiro, veio sentar-se com sua caneca de chá. Perguntei-lhe se finalmente nossos passaportes estavam prontos. Não, ainda não, a ordem era não nos afastarmos das vizinhanças do hotel.

Apeguei-me ao final da frase, *vizinhanças do hotel*. Quer dizer então que podíamos circular ali ao redor sem o limite da fronteira? Ah! mas essa era uma notícia maravilhosa!

O plano de fuga foi se apoderando de mim, era deprimente continuar perambulando pelo hotel feito tristes fantasmas, ah! tanta vontade de liberdade. Fiquei sorrindo secretamente, está claro que eu ia além, uma delícia vagabundear pelas ruas e se alguém viesse perguntar pelos meus documentos, ora, mas quem ia se importar comigo, essa mania de pensar que estamos sendo vigiados, éramos escritores brasileiros completamente desconhecidos e cujos louros na fronte estavam mais murchos do que aquelas árvores outonais. Querer conhecer a Praça Vermelha, não era uma boa justificativa? Está claro que por causa disso não iriam me levar ao paredão.

A recepcionista da estalagem entendia um pouco de francês. Pedi um cartão com o nome do hotel mas nele devia escrever em russo: Leve-me até a Praça Vermelha.

Ela entendeu e entregou-me o cartão com um sorriso. Respirei feliz, podia agora sair porque a ida e a volta estavam garantidas, ah! tanta vontade de assobiar aquele hino. *Liberdade, liberdade! Abre as asas sobre nós!* Tinha ainda que passar pelo porteiro bigodudo mas esse estava tão entretido em consertar o isqueiro que não me viu sair.

Segui com o ar assim inocente de quem vai ali adiante para comprar jornais. Parei no meio do quarteirão, olhei para trás e vi apenas a funcionária da limpeza com suas botas de borracha e sobraçando vassouras. Levantei a mão para acenar-lhe. Ela acenou também e eu já ia alcançando a esquina quando de repente o vento soprou tão forte que parei e levei as mãos até as orelhas, e esse vento, meu Deus, e esse frio! Fiquei parada, encolhida e tremendo, ah! tinha que voltar e me agasalhar melhor, esqueci até aquele lenço na cabeça e que nem as russas dispensavam, como ir assim até essa Praça Vermelha que devia ser longe! Quando entrei na estalagem estava tão cansada da corrida que mal consegui responder ao Magalhães Júnior que andava por ali. Sentei-me. Aconteceu alguma coisa? ele perguntou. Eu tinha um encontro marcado com Dostoiévski na Praça Vermelha, mas esse frio, perdi a hora! respondi assim que consegui falar. Ele apertou no pescoço o cachecol de lã, Pois também eu devia estar com o poeta Maiakóvski e esse imprevisto, ele se matou com um tiro no coração! Ficamos por um momento sorridentes e silenciosos. E então você ia fugir, ele recomeçou baixando o tom da voz. Respirei profundamente e estendi as pernas, Pois eu queria tanto conhecer a famosa Praça Vermelha e sem medo de ser fuzilada preparei a fuga mas não aguentei, esse frio, fui sair assim como se estivesse em Copacabana. O importante é que aconteceu um milagre, descobri que não tenho medo da morte, não é uma maravilha?! Existe a reencarnação! acrescentei. Quando estudava no Pré-Jurídico da Faculdade de Direito, nas aulas de História da Filosofia aprendi esta coisa linda, há sim a reencarnação que é a transmigração da alma, ninguém morre porque a alma é imortal! E agora me lembro, o filósofo Empédocles escreveu esta maravilha, escuta, "Pois já fui um mancebo e já fui uma donzela, fui um arbusto e um pássaro da floresta e fui também um peixe mudo do mar!". Magalhães Júnior ficou assim em silêncio, olhando para o teto. Depois ele sorriu e se inclinou para me dizer, "Pois não esqueça essa bela lição quando tomarmos o avião amanhã!".

MOSCOU, 28 DE SETEMBRO DE 1960

O chá está fervendo no enorme samovar da estalagem. Lá estava eu com Helena Silveira e de repente o búlgaro de dentes alvíssimos e farta bigodeira negra levantou-se da mesa ao lado e pedindo licença num francês assim áspero, gaguejante, veio com a sua maleta até a nossa mesa. Apresentou-se, era um caixeiro-viajante e queria saber que língua era essa que estávamos falando. Entendeu uma ou outra palavra porque tinha um amigo que nasceu em Portugal, mas a fala dele era tão diferente e assim ficou confuso, seria o mesmo idioma? Tentei esclarecer, sim, a língua portuguesa — Portugal e Brasil — era uma só, mas no Brasil era outro o modo ou estilo da fala e da escrita. Acontece que o português do Brasil é com açúcar! eu disse e os dentes do búlgaro brilharam num largo sorriso. Tinha, sim, tanta vontade de conhecer essa nova cidade que estava nascendo num deserto com onças e cobras, soube que o arquiteto era um gênio e o presidente era um cigano alegre que tocava violino. Olhei para Helena Silveira e ficamos rindo enquanto ele abria a maleta e foi tirando pequenos frascos de vidro. A essência é de rosas, disse e nos ofereceu algumas amostras. Abri o vidro e umedeci as mãos, ah! o perfume era bom mas tão forte quanto a mostarda ali na mesa, Estou me sentindo assim um roseiral! exclamei. Ele tirou da maleta mais amostras que nos ofereceu. E de repente ficou sério. Acariciou a bigodeira e prosseguiu no seu francês áspero, Sonhava fazer a viagem para o Brasil, mas precisava de algumas informações, será que podíamos ajudá-lo? Levantei-me e me desculpei, tinha que arrumar a bagagem e o francês da minha amiga era melhor do que o meu, ela poderia ajudá-lo. O búlgaro me abraçou com entusiasmo, quis saber como era *adieu* em português e ficou repetindo, Adeus, adeus!

Voltei para o quarto, *Grande e estranho é o mundo*! lembrei. E olhei para a minha sacola. Os nossos cronistas sociais não dizem *fechar*, mas *afivelar* as malas quando o casal importante está de partida para a Europa, fechar zíper de sacola era com o povão. Afivelar o cinto da poltrona do avião, isso eu faria mais tarde. Tive vontade de rir, mas então o nosso presidente era um cigano e tocava violino? Protegi os pacotes de café no fundo da sacola, fechei-a e tomei o elevador para descer e então tive a notícia, estava deliberado, antes de seguirmos mais tarde para o aeroporto daríamos uma volta de táxi para ver a cidade.

Fiquei radiante, entrar naquela cidade proibida? Eu preferia ir andando mas essa devia ser a melhor solução, os motoristas dos táxis que nos aguardavam já estavam informados do caminho a ser percorrido.

Entrei no carro e encostei a cara no vidro da janela, ah! tão bom ir por aquelas ruas tão largas que pareciam planícies asfaltadas. Construções não muito altas, mas sólidas e quadradas assim com a mesma fisionomia reta do povo. Praças, tantas praças com as imponentes estátuas de políticos empolgados nos discursos, eis aí, pensei, mais um curioso traço que ligava os russos aos brasileiros nessa vocação que é paixão.

Pedimos ao motorista através de gestos, que ele fosse mais lentamente nessa Avenida Górki com poucos carros, mas muita gente. Chegamos afinal à Praça Vermelha e que era o objetivo daquela minha frustrada fuga, ah! podíamos agora vislumbrar no fundo os túmulos de pedra de Lênin e

Stálin, imponentes e sóbrios nas suas linhas clássicas. E lá estava o Kremlin, antiga residência dos poderosos czares e agora a sede do governo soviético. Algumas bandeiras desfraldadas e as cúpulas douradas das igrejas e dos palácios. Lá no alto de cada torre a estrela vermelha, de granada.

E ia chegando a hora de nos despedirmos de Moscou no outono, dizer adeus ao povo de cabeça alta, dizer adeus às árvores também altas, com a folhagem vermelha assim da mesma cor das bandeiras.

MOSCOU, 28 DE SETEMBRO DE 1960

Meia-noite do dia 28. O dia 29 acabou de nascer, é ainda uma criança e assim prevalece a lembrança do dia 28 com o chá na estalagem e o caixeiro-viajante sonhando conhecer Brasília presidida pelo cigano que tocava violino. Mas esse violino não seria o violão das românticas serestas mineiras? O moço não conhecia o violão e por isso falou em violino. Procurei por Helena Silveira, não é violino, é violão! eu quis avisá-la mas ela devia estar com os outros numa daquelas lojas do aeroporto.

Eh! Moscou dos meus pecados, diria aquela minha tia-avó. Ali estava eu com a minha sacola, os parceiros tinham saído da sala de espera, quando voltei da toalete não encontrei mais ninguém. Outro atraso do avião porque já devíamos estar lá no alto com todas aquelas estrelas cadentes despencando assim tão próximas que se eu estendesse o braço poderia agarrar alguma pelos cabelos. Levanto a gola do casaco, e esse frio! Acho melhor tomar um gole da bebida da terra, aquela que queima feito uma labareda. Vou andando naquela vastidão com os viajantes que falam assim em voz baixa e têm um ar embuçado de quem não quer se comunicar com o próximo, é o medo? Sei que o medo é feio, mas sei também que o escritor deve encarar o medo para assim poder escrever sobre ele. Passou ao meu lado um grupo de viajantes russos. Esse era um povo triste? Um povo alegre?

Impossível generalizar a alegria ou a tristeza do povo que vi através da janela de um táxi mas descobri que era bom o nível econômico, não vi nenhum mendigo estendendo a mão.

Entro numa loja de bijuterias. Um casal de franceses compra novidades. Um americano de impermeável e pasta tenta fazer-se entender por uma aeromoça de cara perplexa. Um velhote de gorro de pele e botas pretas limpa as unhas com a ponta da lâmina de um canivete ao lado de um jovem de cabeleira ruiva que lhe conta rindo coisas provavelmente engraçadas. Mas o homem do canivete continua sério, preocupado com a higiene das mãos.

No balcão do bar logo adiante vão se renovando com uma rapidez extraordinária as bandejas dos sanduíches de caviar negro nas fatias do pão escuro, barrado de manteiga. Chega um militar que pede um copo de vinho tinto. Aponto para o copo quando o garçom se aproxima, a linguagem das mãos é perfeita e o militar se volta, me encara interrogativo e eu respondo, Brasil! Ele sorri assim pensativo e me despeço enquanto recebo o troco em dólar, ah! é a voz da aeromoça avisando em várias línguas que devemos seguir viagem.

Volto pelo mesmo caminho percorrido pensando que deve ser bom rever essa Moscou na primavera, passear no parque Górki, tocar na estátua de Tolstói e pedir um autógrafo para o meu *Guerra e Paz* que li quando era estudante. Não há mais nenhum Ivã, o Terrível sentado no trono esculpido em marfim mas permanece a tradição do orgulho e da pompa na cidade esculpida em pedra.

Alcanço a delegação tão bem-humorada, ah! eis aí um mistério e se é um mistério é melhor não pensar nele. Alguém me perguntou por onde andei e eu disse que fui entrevistar o falso mago Rasputin, aquele que conquistou a confiança da czarina mas acabou assassinado pelo czar. Eis que ele ressuscitou, me recebeu e está muito interessado em conhecer a América Latina.

Entrei no avião sem frio e sem medo, um milagre? Adeus Moscou!

OMSK, 29 DE SETEMBRO DE 1960

Estamos no superjato soviético, voando sobre a Sibéria. É noite e ainda não superamos as nuvens que correm densas em torno de nós, vejo-as quando o relâmpago risca o negrume e então aparece a cara lívida e desgrenhada da tempestade.

Desvio o olhar da janela e penso que no bojo escuro do jato esses fulgores não são dos relâmpagos mas sim de simples fósforos dos passageiros que acendem os cigarros. É preciso que este bicho suba depressa e cavalgue as nuvens ao invés de ser cavalgado por elas. Fecho os olhos e quando os abrir novamente verei de novo as estrelas, basta contar até dez...

Não, ainda não, contei depressa demais. Entrelaço fortemente as mãos e tento desvendar o mistério da aeromoça que passa tranquila com uma bandeja. Máscara? Lembro Raimundo Correia, a situação não é para poesia mas foi o melhor que me ocorreu: *Se pudesse, o espírito que chora,/ Ver através da máscara da face...* Sim, literatura, mas quando de repente a gente percebe nossa fragilidade assim entregue aos elementos da natureza então é mesmo preciso fazer abstração de tudo para ficar com Antero de Quental: *Na mão de Deus, na sua mão direita/ Descansou, afinal, meu coração...*

Imaginei a mão de Deus e feito um grão vermelho de pó, meu coração pousado nela.

Ao lado, Helena Silveira pede que eu troque de lugar com o nosso companheiro, o jornalista Pereira Nunes que estava na fileira atrás. Acho que não sou boa para uma hora dessas, fico muda, incapaz de dizer a menor palavrinha de esperança e se disser alguma coisa é para fazer humor negro, o que será pior ainda.

Vou me sentar ao lado de Alaíde Pereira Nunes que tem a carinha meio assustada da Menina do Narizinho Arrebitado. Não gosto dos tais calmantes que para mim nunca deram felicidade mas era necessário atenuar a tensão e peço a Alaíde uma pílula qualquer porque na minha bolsa só encontrei aspirina. Engulo a pílula sem água, agora a aeromoça, na sua doce inconsciência está preocupada em servir a ceia. Que horas são? Duas da madrugada? Três?

Não sei e isso também já não tem a menor importância, sei apenas que a próxima aterrissagem será em Omsk e a segunda em Irkutsk, cidades da Sibéria. Temos doze horas de voo antes de chegarmos a Pequim, doze horas não mais... E essas nuvens loucas envolvendo o avião! Recorro a Gonçalves Dias: *Não permita Deus que eu morra/ Sem que volte para lá/* [...] *Sem que ainda aviste a palmeira/ Onde canta o sabiá.*

Nunca vi um sabiá cantando na palmeira mas na minha volta, hein? Olho na direção da janela e maravilha! Lá está o céu sereno, com as estrelas cintilando, estamos novamente a doze mil metros de altura, no território dos anjos.

O viajante da minha direita é um médico mexicano que faz parte de uma delegação também convidada para os festejos do aniversário da Revolução da China Popular. Ele me oferece *tequilla*, bebida *"muy fuerte, muy buena!"*. Devia estar na sua maleta porque chegou a se levantar para apanhar a garrafa mas parou no meio do caminho e voltou à poltrona. Quis saber minha opinião sobre Moscou. Ora, não visamos o passaporte em Praga e assim não tivemos permissão para sair da estalagem, rodamos num táxi pela cidade e fomos para o aeroporto. Ele deu uma risadinha, mas a delegação uruguaia também não tinha visado os passaportes e todos saíram, circularam pela cidade o dia todo e só voltaram ao hotel para apanhar a bagagem.

Fiquei muda, olhando em frente e lembrando da minha frustrada fuga, devia ter tido essa coragem de continuar: Mas assim sozinha, ignorando a cidade, a língua, a moeda... E se fosse presa? Daqui a uns vinte anos, numa roda de brasileiros alguém se lembraria, Teve aquela escritora paulista que um dia desembarcou na Rússia, saiu cedo do hotel e nunca mais ninguém teve notícias dela!

A ceia de frios, o café quente e a lembrança mais quente ainda daquela antiga poesia portuguesa me envolveu numa aura de luz, *É pelo sonho que vamos*....

A voz da aeromoça, assim como numa sessão espírita, avisa que dentro de minutos estaremos aterrissando em Omsk. Apertei com bom humor a mão do índio mexicano que me prometeu e não deu a sua maravilhosa *tequilla*. Índio, hein? Pensei nas minhas raízes indígenas porque lá no fundo da árvore genealógica está a índia Bartira casada com o português João Ramalho que fundou com os monges a província de São Paulo.

Fui descendo a escada do avião com tanta saudade do meu filho, o amado menino que ficou com a minha sogra e com a pajem Zefa. "Vai tranquila que eu cuidarei bem dele", disse dona Carolina na despedida. "E vou guardar as suas crônicas que forem publicadas no jornal."

OMSK, 29 DE SETEMBRO DE 1960

Nas desoladas estepes siberianas fica a cidade de Omsk. No inverno é batida por todos os ventos em meio às chuvas e no verão sobre ela desabam as tempestades de areia. Desataviada e rude é uma cidade de fronteira, com as construções de madeira e pedra, as ruas sem asfalto e pelas quais passam as tranquilas caravanas de camelos. É banhada pelos rios Om e Irtich e as especialidades da terra são as peles, vários tecidos e cereais mas principalmente as peles, ora, "Deus dá coberta a quem tem frio".

O aeroporto e aquelas estranhas gentes e estranhas falas. Alguns homens estão vestidos à moda europeia mas a maior parte usa casacos de couro, gorros de pele e botas. E os bigodões fartos e densos, com o mesmo jeito indomável do vento. As mulheres são grandes, ombros e quadris largos com esse generoso ar das estátuas antigas. Usam roupas escuras — é outono — e na cabeça os clássicos lenços atados sob o queixo. Meias grossas e sapatos de tacões baixos.

É noite e sopra aquele vento que faz estremecer o vidro das janelas... Sibéria, Sibéria! Para essas paragens o governo russo mandava os exilados políticos e também os condenados a trabalhos forçados sob o vento e as chuvas intensas. A Sibéria de Dostoiévski, dolorosamente, terrivelmente retratada nas *Recordações da Casa dos Mortos*. Foi num soturno presídio atrás de uma muralha e no extremo de uma pequena cidade siberiana (seria Omsk?) que Dostoiévski esteve encarcerado quatro anos como prisioneiro militar. Lá ele se inspirou para escrever as deslumbrantes recordações do personagem Aleksandr Petrovitch. Enfim, mas esse tempo já ia longe embora ainda fosse o mesmo esse vento que soprava e igual a desolada paisagem dos pinheirais cor de ferrugem.

Dois botões do meu casaco ameaçavam cair. Fui ao toalete e pedi então à robusta mulher de olhos azuis que arranjasse uma agulha com linha, ah! e ainda dessa vez usei a linguagem das mãos e que funcionou porque logo em seguida ela voltou triunfante com a agulha e o carretel de linha preta.

Comecei a costurar. Ela sentou-se e ficou a me observar muito atenta. Chegou então uma outra mulher mais jovem, as faces queimadas pelo frio, os cabelos louros presos na grossa trança no alto da cabeça, assim como um diadema. Trazia nas mãos duas canecas de chá. Ofereceu uma à companheira e ficou com a outra nas mãos, a me observar com uma expressão curiosa. Quando terminei de pregar os botões ela me estendeu a caneca de chá e saiu rapidamente antes mesmo que eu tivesse tempo de agradecer.

Foi quando a mulher do lenço puxou para mim um pequeno banco e indicou-o com um gesto assim autoritário para que eu sentasse. Obedeci e ali ficamos as duas tomando chá, os olhinhos azuis feito contas transparentes sorriam mais do que a boca e indagavam, afinal, quem eu era, de onde vinha e para onde ia?...

Ninguém poderá responder essas perguntas Aleksandra Petrovitch, tive vontade de dizer-lhe. E senti assim de repente tamanho bem-estar porque ali estava eu sem nome, sem passado e sem futuro, como se tivesse acabado de nascer. Lembrei-me da odiosa pergunta que os políticos brasileiros costumam fazer naquele tom arrogante, "O senhor sabe com quem está falando?".

Aqui na Sibéria ninguém sabe de nada, inútil tirar do bolso o cartão de deputado ou senador, ah! não adianta exibir as medalhas e os louros, não adianta nada. Para a Sibéria deveriam ser enviados os delirantes de vaidade e orgulho, trabalhos forçados para eles! Os ventos passam, os homens passam e ninguém sabe de nada.

Aleksandra Petrovitch, o seu chá estava ótimo! eu disse e lhe devolvi a caneca e a agulha. Ela sorriu apertando os olhos e prendeu a agulha na gola do casaco nesse gesto que as mulheres do mundo inteiro fazem ao receber uma agulha e sem saber onde guardá-la.

Pousei a mão no seu ombro e então a senti muito próxima de mim. Adeus, Aleksandra Petrovitch, levo no meu casaco um pouco da linha siberiana.

Lá fora o vento soprando com mais força. Entrei no avião mas antes fixei o olhar sereno no céu brumoso porque por detrás das nuvens estavam as estrelas.

IRKUTSK, 29 DE SETEMBRO DE 1960

Estamos a doze mil metros de altura num superjato soviético. Já é dia. Omsk ficou para trás e aqui vamos indo em direção a Irkutsk, nossa última etapa. Depois, China.

Consulto o relógio. Mas há muito tempo meu relógio não tem mais sentido porque as aeromoças não fazem outra coisa do que ir lá na frente e mover com delicadeza os ponteiros do relógio oficial. Ora, o relógio oficial de cada avião não coincide nunca com o relógio do avião anterior e assim achei melhor não mexer mais no meu. Acertarei meus ponteiros com os ponteiros da China porque lá é que vou ficar, deve prevalecer o relógio chinês. Como será o relógio chinês?

Vejo agora que o tempo não existe mesmo, como já proclamavam os sofistas gregos. Existe o espaço, esse existe por enquanto ao menos. Quanto ao tempo, não passa ele de uma frágil convenção perfeitamente mutável, que o digam as aeromoças e os seus relógios.

Sinto as pálpebras pesadas de sono. Eu dormiria agora uns dois mil anos e mais duas noites mas o sono a doze mil metros é sono sem profundidade, sem raiz. A gente precisa encostar a cabeça na terra para poder dormir como dormem os bichos, simples e sossegadamente.

Abro um romance de Truman Capote, mas não consigo ler. Nem comer o lanche frio que a aeromoça russa me oferece. É rosada e curvilínea com seus calmos olhos bovinos e penso então que as aeromoças deviam ter esses olhos assim parados de boi no meio dos trilhos e que não se assusta nem quando o trem se aproxima. O avião pode estar pegando fogo e a gente olha e conclui que se a moça continua calma é porque não vai acontecer nada.

Pergunto-lhe em francês quando chegaremos a Irkutsk. Ela abotoa a boquinha para falar um francês de menina exemplar: Dentro de meia hora.

Encolho os ombros. E daí? Quanto significa meia hora para um jato? Aspiro deliciada a fumaça do cachimbo de um homem à minha esquerda, gosto muito do cheiro de cachimbo e de charuto. Ele é moreno, grandalhão, bigodes largos, blusão de couro e mãos quadradas. "*¿Estoy molestando, señora?*", perguntou-me subitamente e mostrando o cachimbo. Digo-lhe que gosto do cheiro de fumo e ele sorri exibindo dentes quadrados e fortes. Conta que é argentino e faz parte de uma delegação de dirigentes sindicalistas, convidados também para os festejos da China. Depois da China seguirá para a Índia onde a noiva está esperando.

Fiquei pensativa, mas então ele tinha uma noiva na Índia. Longe, não?... Ele concordou. "*Es un caso muy extraño*", disse em voz baixa. Mas não esclareceu por que o caso era estranho. Suspirei, mas todos os casos de amor eram estranhos, morasse a noiva em Sumatra ou na própria casa do noivo. Quem sabe se morando lá na Índia as coisas corressem mais normalmente?!

A aeromoça avisa que vamos aterrissar, "Apagar os cigarros e apertar os cintos!".

Enquanto aperto o cinto vejo o homem do casaco de couro afundar o grosso polegar na brasa fumegante do cachimbo. Em seguida, tranquilamente limpou o dedo no lenço e guardou o cachimbo no bolso. Baixei a cabeça e respirei, Só pode ser o Diabo! pensei e tentei ver-lhe os pés. Usava enormes sapatões pretos, cobertos por uma poeira antiga. Voltei-me para a janela e disfarçadamente fiz o sinal da cruz.

Respirei de boca aberta, Irkutsk. Já podia ver lá embaixo essa cidade que fica no coração da Sibéria Oriental, banhada pelo Rio Angara, um importante entreposto siberiano e que tinha como maiores riquezas os metais e as famosas peles que alimentavam os mais elegantes mercados do mundo. Famoso também era o chá! No verão, sobre as casas de madeira tão rústicas quanto sólidas, caíam as tempestades da areia que vinha dos desertos da Mongólia, um "animal selvagem e triste". No inverno, o vento e a neve com o termômetro acusando muitas vezes quarenta e quatro graus abaixo de zero.

Amarrei na cabeça o lenço de lã, enrolei no pescoço o cachecol e desci no aeroporto vasto e desolado. Olhei para trás e o homem do cachimbo vinha assim indiferente ao frio, o peito aberto e os cabelos negros revirados pelo vento. Eh! vida, disse e tive vontade de rir porque me lembrei da velha tia que gostava de fazer considerações sobre este mundo tão difícil, "Ih! A gente sofre demais desde a infância e depois tem que trabalhar tanto, uma canseira e depois chora porque acaba amando justo aquele que não corresponde ao amor ou se corresponde, não presta! E mais trabalho e mais desilusões e a gente tendo que pagar alto por todos os erros e depois daquela doença ruim a gente morre e vai pro inferno!".

PEQUIM, 29 DE SETEMBRO DE 1960

Enfim, a China! Eram quatro horas da tarde quando a aeromoça avisou que devíamos apagar os cigarros e apertar os cintos porque dentro de alguns minutos íamos aterrissar. Fiquei emocionada, enfim, a Nova China tinha apenas onze anos de idade e a velha China tinha cinco mil anos, pátria dos antigos sábios e mandarins de roupa dourada e palácios de jade. Afinal, o que ficara daquela civilização milenar? Algumas lembranças de dourada sabedoria mas e a miséria? Está claro que essa miséria não poderia ter desaparecido como num passe de mágica, sim, mas como estava essa nova China que íamos conhecer?

Na minha infância ouvi tanto falar na laranja-da-china que era uma laranja maior do que as outras. Mas onde fica esse país? perguntei um dia ao meu pai. Ah! é tão longe que é preciso dar quase uma volta inteira no globo para chegar lá! Quando aqui é dia, na China já anoiteceu, entendeu agora? Sacudi a cabeça afirmativamente mas o que eu entendia era quando o meu pai dizia que tinha feito um negócio da china e assim no próximo Natal eu receberia um presente maior.

Nas aulas de geografia eu ficava olhando atentamente para o meu atlas com aquela zona pintada de amarelo, difícil de ser copiada. Mas foi na adolescência que tive mais informações através do cinema norte-americano com aqueles enredos que mostravam as ruas repletas de gente miserável indo assustada de um lugar para outro assim como as formigas de um formigueiro no qual alguém afundou o pé, ah! tanta intriga naqueles flagrantes da massa a borbulhar pelas ruas como a água suja transbordando de uma pia. E na tela sempre um riquixá apático a transportar a loura heroína com seu vestido transparente e sombrinha de rendas, fugindo da rede de espiões que tramavam matar o oficial americano. Mas espera, calma porque o herói se disfarçou de repórter, fugiu do hotel com biombos e paredes falsas e acabou se encontrando com a bem-amada longe das terras malditas. Esse era o cinema da China e do ópio, da prostituição e do contrabando.

Quando entrei para a Faculdade de Direito estava na moda a literatura amarela com os romances de Vicki Baum e assim me apaixonei por aqueles enredos que falavam nos brancos chegando tão dignos e bem-intencionados mas depois de algum tempo deixavam crescer a barba e de roupas enxovalhadas lá iam para as casas de ópio. Contudo, antes da história chegar ao fim, acabava vigorando a raça eleita, é a glória: os heróis deixam o vício, recuperam as bem-amadas e fogem pela porta dos fundos do templo do Buda de ouro levando a chave do segredo cobiçado pela população. A fantasia e a memória ou a realidade e a invenção. Afinal, pensando bem eu não estava longe dessa realidade quando relacionei aquela antiga China com os seus mandarins de brocados de ouro e resplandecentes palácios de marfim e que correspondia na realidade a mil casebres e nos quais viviam centenas de famílias miseráveis em meio das inundações nas estações da chuva, a lama. Ou sufocada pela poeira que se levantava quando vinha a seca, sim, a literatura e o cinema dessa antiga China o mundo inteiro já conhecia. Mas e a face atual dessa China que estava nascendo?

PEQUIM, 29 DE SETEMBRO DE 1960

É preciso repetir que a imagem que eu tinha da China era a de uma população demasiado densa para um país demasiado pobre. Afinal, o burguês não gosta de ficar em contato com uma realidade muito real, ele ama o povo mas é preciso que esse povo fique distante, ninguém quer ouvir as descrições que o escritor Lao Shech fez daquela gente faminta e viciada, comprimida nos bairros sem esgoto e sem água corrente.

Assim que o avião aterrissou, um chinês fardado entrou e pediu o meu passaporte. Céu azul, bandeiras vermelhas desfraldadas e escolares de uniforme se aproximaram para oferecer à nossa delegação pequenos ramos de flores. Respirei e se não estava eufórica é porque sentia tanto sono, ah! quer dizer que agora era madrugada no Brasil? Lá todos ainda dormiam e aqui o sol, as flores e as bandeirolas, maravilha! E a temperatura até agradável, não vou sofrer mais, pensei tirando dois pulôveres porque era doce o outono com a brisa que soprava leve, parecida com a brisa paulista.

Reparei que os meninos das flores tinham o cabelo cortado bem rente e as meninas usavam as trancinhas negras com laços de fita vermelha nas pontas. Um grupo de chineses aproximou-se, queriam nos dar as boas-vindas. Alguns usavam o blusão de algodão no estilo de túnica e a calça azul, mas outros estavam vestidos a simples maneira europeia. Apresentou-se em francês o nosso intérprete, um chinês jovem e sério, de óculos e cabelo repartido de lado. No cocoruto da cabeça alguns fios rebeldes abriam-se num leque formando um espanador em miniatura. Com um meio sorriso tímido disse o nome, Mister Wang. Eis que esse Wang (a pronúncia é Uang) já começou a trabalhar quando se voltou para um chinês e transmitiu-lhe o meu elogio ao aeroporto. O chinês agradeceu sorridente e Uang logo me comunicou que esse era Mister Hon Tim-Tim, famoso crítico literário e principal orientador dos programas durante a nossa permanência na cidade. Voltei-me para Helena Silveira, Está aí o nosso Sérgio Milliet em edição chinesa!

Muita gente chegando. Não vi soldados fardados mas com o traje do país, o blusão com as calças de brim azul e alpargatas pretas, enfim, no clássico estilo oriental. Os homens com o cabelo cortado rente e as jovens de cabelo curto, caindo retos ou presos em graciosas trancinhas, uma de cada lado do rosto. As idosas, essas com o coque enrodilhado na nuca e as caras lavadas sem nenhum sinal de pintura.

Lá fora os táxis já estavam a nossa espera. Mister Wang voltou-se para mim, "Madame Telezê fez boa viagem?".

Telezê não gosta de avião, eu quis dizer mas apenas abri o sorriso, Estou na China!

PEQUIM, 30 DE SETEMBRO DE 1960

O Hotel Chein Mein é um grande edifício quadrado, de vários andares, uma construção antiga como indicam os elevadores. Mas quando digo *construção antiga* é bom acrescentar, antes de 1949, antes de Mao Tsé-tung proclamar a República Chinesa, isso porque o país mudou tanto que é comum ouvir dizer, Antes era assim mas agora...

Agora é a Nova China. Enquanto seguíamos do aeroporto para o hotel o nosso intérprete foi contando as históricas duas épocas da cidade, aquele antes e aquele depois. E o extraordinário é que essas duas no simbólico encontro do passado com o presente. O passado dos palácios e templos e nos quais desfilaram aqueles imperadores e sábios de barba de seda, unhas longas e roupas douradas. E as mulheres, ah! as mulheres... Deviam ter os pés pequenos e assim desde a infância tinham que usar sapatos menores e tão apertados que já adultas os pés tinham que ser do tamanho dos pés de uma criança... O passado dos bairros brilhantes e o passado dos bairros miseráveis, infestados de mosquitos e ratos. O táxi correndo e a voz do nosso intérprete contando no francês disciplinado, correto: o passado com os belos edifícios de tetos assim arrebitados e guardados por leões de juba dourada, ah! esse passado continuava, sim, mas era o futuro que tinha acabado de nascer nas novas ruas asfaltadas, nas vastas praças públicas com os ministérios e as universidades — enfim, o povo vestia a farda de algodão azul e não puxava como animais os riquixás mas usava bicicletas e lá ia livre pedalando, pedalando... A chinesa antiga, aquela que tinha os pés atrofiados, mal podendo se equilibrar nos pés assim infantis era hoje essa velha de mãos dadas com a mocinha de farda, pés grandes e com o apito dependurado no pescoço, aprendendo com o monitor a dirigir o trânsito.

Velha China. Nova China. Na fachada do hotel, as grandes flâmulas e bandeiras vermelhas anunciando a próxima festa da liberdade. Manhã azul e frio suave. Mister Wang pergunta se preferimos o café da manhã à moda oriental ou ocidental? Respondo que estou curiosa, gostaria de conhecer a primeira refeição chinesa mas e esta saudade do café com leite e do pão com manteiga!

A sala de refeições é espaçosa e as mesas estão quase todas ocupadas, verdadeiro mapa-múndi humano: em cada mesa, um território do globo com seus representantes vestidos com roupas típicas de cada região. Na mesa à minha direita, negros altos e esguios com suas túnicas coloridas falam a linguagem impossível. Mister Wang esclarece, são convidados de Gana. Ouço adiante uma língua familiar, é a mesa dos argentinos. Na retaguarda, homens esverdinhados, de altos turbantes brancos, são os indianos.

Mister Wang informa que setenta e duas delegações vindas de todas as partes do mundo já estavam acomodadas nos hotéis da cidade. Deixo Mister Wang falando com um peruano e tomo o elevador. Atravesso o hall que está agitado, gente entrando, gente saindo. Quero a rua, saio e fico por um instante assim parada, olhando. Passam ciclistas. Nas fachadas dos prédios da rua as lanternas vermelhas, algumas bandeiras. Dois negros esguios, de dentes alvíssimos com os mantos coloridos chegando até os pés conversam no alto da longa escada de pedra do hotel. Não sei de onde eles vieram, não sei, mas sei que nos potes de flores ao lado da porta há dálias e crisântemos vermelhos e amarelos, banhados de sol.

PEQUIM, 30 DE SETEMBRO DE 1960

"Os chineses não são nem superiores nem inferiores aos outros povos, são apenas diferentes", escreveu o escritor francês Claude Farrère.

Fico pensando nisso enquanto procuro abrir a janela do meu quarto, não sei há quanto tempo estou tentando abri-

-la e não consigo, Olha aí, primeiro vem essa tela de arame encaixada para que não entrem os mosquitos, até agora não vi nenhum mas aí está a tela e depois o vidro. O trinco não é trinco mas uma pequena alavanca, puxo a alavanca e ela resiste. O vidro finalmente abriu mas não o suficiente. Arranco então a tela de arame, deixo-a no chão e de repente a alavanca ficou assim dócil mas a janela, essa continua resistindo.

A luta me cansou, desisto. Tinha razão o francês, o povo e essa janela não são nem inferiores nem superiores mas diferentes. É um hotel muito antigo, feito por orientais e para orientais, a janela me reconheceu e maliciosamente se recusou a obedecer.

Nove horas da manhã. Desço para o hall do hotel. O moço do elevador é um chinês de paletó branco e luvas de tricô branco. Deve conhecer um pouco de francês e assim aproveito para perguntar, como se diz *muito obrigada* em chinês? *"Cê-cê"*, foi o que entendi ele dizer. Ao sair do elevador eu repeti Cê-cê e o chinesinho ficou a se torcer de rir. Não, não aprendi a lição, devo ter dito alguma asneira, Ah, China dos meus pecados! diria a minha avó.

O hotel estava naquele clima de festa, a porta giratória girando feito um pião, as delegações saindo e entrando com o recepcionista ansioso no comando. Usava as luvas brancas. Lembrei que o motorista do táxi também usava essas luvas e ainda os ciclistas nas suas bicicletas. Mas por que luvas se agora sopra apenas uma cálida brisa e no céu brilha o sol? Seria uma ingênua vontade de exibir elegância ou aquele antigo medo dos contágios? Era bom não esquecer a lição de higiene que foi da maior importância nos antigos bairros abandonados. Agora, mais esclarecidos eles se defendiam, ah! Mister Wang tinha me contado da luta do povo quando começou a invasão de moscas e de ratos, as epidemias, o cabelo cortado bem curto para evitar piolhos, as feridas mesmo cicatrizadas e ainda vermelhas do mercuriocromo. E também as roupas especiais, fardas de tecido resistente para proteger o corpo e fáceis de lavar, ah! eis um povo mais escaldado do que o gato da antiga história.

E de repente lembrei, ainda não tinha visto nenhum gato nem cachorro nessas andanças pelas ruas, conversei sobre isso com o nosso Mister Wang que fixou em mim o olhar grave, "Madame, na Nova China não há nem gato nem cachorro porque são bichos que podem transmitir doenças! Além disso, ter em casa um gato ou cachorro exige uma despesa maior e esse é um luxo que precisamos evitar".

Tive então vontade de passar a mão na cabeça do nosso intérprete com aqueles cabelos que no cocoruto se abriam indóceis feito um pequeno coqueiro. Pois assim que eu chegar ao Brasil vou lhe mandar um cachorro daquele tipo bem sentimental, que todas as manhãs vem acordá-lo na cama porque quer brincar, eu disse.

Mister Wang não entendeu o gracejo e baixou a cabeça perturbado, "Fico muito grato, Madame Telezê, mas esse presente eu não quero não". Pousei a mão no seu ombro, era uma brincadeira, é que o Brasil gosta muito de gato e de cachorro, vivi a minha infância no meio da cachorrada! Ele sorriu aliviado. Deixei-o.

Passei pela porta giratória e parei no meio da calçada. Respirei o ar quase frio da manhã, ah! aquela janela que não consegui abrir e agora todos esses ciclistas de luva de tricô branco. Tinha razão o escritor, eis aí um povo diferente.

PEQUIM, 30 DE SETEMBRO DE 1960

O táxi vai rodando lentamente pela cidade. Olho em redor, quero ver as muralhas, as famosas muralhas de quase doze metros de altura e que estão em redor de Pequim mas Mister Wang esclarece que essas muralhas ficam distantes deste centro e acrescentou com um gesto vago, "Iremos vê-las um dia".

Quero saber se o nome de Pequim tem algum significado. Ele levantou a mão, "Pe-King quer dizer a capital do Norte".

São largas as ruas da capital da Ásia com a vibrante decoração das bandeiras, lanternas e balões vermelhos e dourados nas fachadas das casas de comércio e nos edifícios públicos anunciando as festas de 1º de outubro.

Outono. O céu azul com algumas nuvens mansas, o vento brando fazendo farfalhar levemente a folhagem das árvores características da arte chinesa: são sinuosas, de troncos delicados e folhagem que lembra assim uma miniatura dourada. Penso na vegetação do Brasil, ah! as nossas árvores com troncos enormes e aquela folhagem fechada, densa, com tanta energia que lembra o temperamento do nosso povo, como se nas raízes não corresse a seiva mas o sangue. Fiquei sorrindo e pensando que as nossas árvores gesticulam com o entusiasmo dos políticos nos comícios em vésperas das eleições. Perto das nossas, essas árvores chinesas lembram arbustos, parecidas com o Mister Wang que está sentado na minha frente no táxi: silencioso e discreto, a voz baixa, o olhar fugidio.

Faço perguntas e Mister Wang vai contando que a cidade se divide em quatro partes: a cidade central onde em outros tempos viveram os imperadores no Palácio Imperial. Mais para o sul ficava a cidade que era o próprio âmago de Pequim com suas ramificações comerciais e alguns antros de prazeres. A cidade industrial a leste tinha fábricas, bancos, grandes lojas e habitações onde viviam os operários. Finalmente, a cidade com as universidades, hospitais, importantes escritórios administrativos e o famoso jardim zoológico. Ainda nesse bairro está o Palácio de Verão que foi a residência da imperatriz e agora foi transformado num importante parque cultural, aberto para o povo. Lá está o túmulo dos Mings, fundadores desta cidade que hoje conta mais de cinco milhões de habitantes. Ou seis?...

Mister Wang fez uma pausa e depois de algum tempo acrescentou que essa divisão não era assim muito nítida, natural a penetração de uma cidade na cidade vizinha, afinal neste planeta nem as fronteiras de alguns países são nítidas! O que fazer então com as cidades de um país com essa população.

Mister Wang ficou mais tranquilo. Cerrei os olhos e me lembrei que o meu menino no dia do meu embarque quis saber se na China tem muito chinês. Vou enviar-lhe um cartão postal, Alguns.

As avenidas que partem do centro para a periferia são remanescentes ainda da cintilante cidade imperial com as residências de nobres, as ruas feitas somente para servi-los. Interessante observar que quando essas ruas se afastavam da nobreza iam perdendo o asfalto, apertadas em ruelas abandonadas: se ventava, a poeira cobria tudo e se chovia a lama virava um rio que invadia as casas, as plantações... Daí as doenças e epidemias que eram ignoradas pelos senhores feudais que não visitavam o lado de lá e se iam, usavam cavalos e liteiras, nenhum contato com o povo.

O táxi começou a arrefecer a marcha quando foi se aproximando do Palácio Imperial, a Cidade Proibida. Lá estavam os pavilhões de tetos arrebitados, escadarias de mármore e grandes dragões de bocarras vermelhas e desgrenhado pelo dourado. Descubro que nos adornos de marfim das colunas predomina o estilo indiano, talvez influência da Birmânia.

Estava emocionada. Eis a Cidade Proibida e que se abre hoje sem mistério. Os turistas circulam pelo palácio e tiram fotos, fazem até piqueniques nos vastos gramados, ah! tanta curiosidade de ver aqueles pavilhões onde moravam as concubinas dos imperadores com seus leitos de jade e marfim.

A Cidade Proibida está realmente aberta para as novas gerações que gostam de ouvir e ler a frase da Nova China: *O céu é para todos*!

PEQUIM, 1º DE OUTUBRO DE 1960

Escreveu Mêncio, discípulo de Confúcio e que nasceu por volta de 380 antes da nossa era: "Em primeiro lugar está o povo, em seguida, o país. O rei é o de menos...".

Pois ali estávamos nós, setenta e duas delegações de convidados vindos de todas as partes do mundo para assistir ao grande desfile comemorativo do décimo primeiro aniversário da República Popular da Nova China.

A manhã é azul nesse 1º de outubro. Bandeiras vermelhas com as cinco estrelas desfraldadas ao vento. Estandartes também vermelhos com caracteres chineses em dourado desdobram-se nos pontos mais altos da vasta Praça do Povo, defronte à Porta da Paz Celeste e onde estão os balcões dos convidados. Entre o Museu Nacional e a Assembleia, diante de nós, os retratos de Karl Marx, Friedrich Engels, Lênin e Mao Tsé-tung.

É bela a variedade dos trajes dos representantes de cada país: os altos africanos, com ares assim de reis negros, ostentam túnicas e adornos singulares, contrastando na sua simplicidade com os trajes asiáticos, em geral suntuosos, cheios de pedrarias e dourados e tudo isso de mistura com os trajes chineses — as discretas fardas de brim azul — que por sua vez contrastam com as nossas roupas europeias. Ouvem-se em redor as mais variadas línguas. O quadro é de um colorido vivo.

Uma chinesinha debruça-se num balcão ao meu lado. Observo-a. São bonitos os chineses assim altos e esguios, pernas longas, olhos grandes, seguindo aquela linha oblíqua. Gesticulam pouco e com elegância.

Volto minha máquina fotográfica na direção da jovem. Ela inclina a cabeça para o lado, segura delicadamente a ponta da trancinha negra e abre um tímido sorriso claro como a manhã outonal. Diz em seguida um *Merci beaucoup*!

Fiquei animada, a ponte da língua estendeu-se entre nós. Ocorre-me fazer-lhe perguntas: Ainda não vi nenhuma chinesa pintada, nem as jovens nem as mulheres maduras usam batom ou mesmo pó de arroz, a mulher na China abriu mão das mais elementares vaidades? Nem brincos, nem anéis, nem unhas esmaltadas...

Ela ficou séria "O nosso povo acaba de sair de uma fase terrível e que durou dezenas e dezenas de anos, não podemos nos preocupar com ninharias quando ainda há coisas tão importantes a serem resolvidas. Principalmente nós, as mulheres, nunca tivemos sequer o essencial. Então não podemos agora nos dar ao luxo de pensar no supérfluo, temos é que trabalhar. O resto fica para depois".

Ah! a jovem era parecida com o Wang de fronte pensativa, a expressão tão carregada de responsabilidade! Lembrei-me de uma peruana ou colombiana que após alguns dias em Pequim, teria se queixado certa noite ao nosso teatrólogo Guilherme Figueiredo: *"Sí, sí, todo es muy lindo, muy bueno... ¡Pero, caramba! ¡Es preciso un poco de corrupción!..."*.

Desatei a rir e a chinesinha, sem saber por que riu também. Tive então vontade de dizer-lhe que aprimorar a beleza era também uma causa importante mas pensei, ora, ela era tão bonita assim com a carinha lavada. Lembrei das nossas brasileirinhas adolescentes e já com os olhos bistrados... Eis aí uma nova edição chinesa da nossa *Inocência* do Visconde de Taunay. Ela quis saber quem era Inocência e tentei explicar-lhe então que era a personagem de um romance e que nunca houve na nossa literatura um ser tão doce e delicado e puro.

Sons festivos romperam dos alto-falantes. Palmas e vivas da multidão acenando bandeirinhas: o presidente Mao Tsé-tung acabara de aparecer no palanque oficial. Começou o desfile sem militares, sem armas mas apenas com colegiais e jovens, dezenas de jovens levando bandeiras, arcos floridos, lanternas, balões e estandartes em ondas e vindo transbordar num mar de flores e sedas na praça, uma demonstração do alto senso estético de um povo que há cinco mil anos cultiva a beleza.

PEQUIM, 2 DE OUTUBRO DE 1960

Desço para o jantar, a cozinha chinesa e a ocidental, a escolher. Acho conveniente ficar com a chinesa porque a ocidental tem o mesmo gosto da outra e com a desvantagem de não ter o mesmo espírito...

Os maiores entendidos de culinária já propagaram que há de fato apenas duas cozinhas no mundo: a chinesa e a francesa. O resto é o shakespeariano silêncio.

Bem, acho lindos os pratos chineses, nunca vi pratos tão sedutores, um quadro para os olhos quando vem o garçom e vai cobrindo a mesa com as iguarias. Contudo, depois de três dias, já estou sonhando com o bife a cavalo com o ovo na garupa.

Lembro agora da marcha carnavalesca: *Chinês come somente uma vez por mês./ Não vai mais a Shangai buscar a Butterfly!...* e etecetera e tal. A marcha era boa de dançar mas vejo agora que não é verdadeira, chinês come muito, vejo Mister Hom Tim-Tim ir comendo a minha parte e a dele, eu disse que estava sem apetite.

Os programas têm sido muito intensos, visitas a fábricas, a usinas, a comunas populares... Ainda não paramos, o tempo é curto e Pequim é enorme! Atribuo ao cansaço essa falta de apetite. E uma dor nas costas que responde... Mas onde mesmo que ela responde? As pálpebras pesam como chumbo, estou deprimida? Diz que é comum o ocidental cair em depressão numa viagem assim longa e que perturba todo o metabolismo e mais aquele canino que está dolorido. É a famosa depressão, penso, sem forças de bater no copo de Mister Hom Tim-Tim, que faz a clássica saudação oriental, "*Cambê!*". Respondo molhando os lábios no vinho de arroz, "*Cambê*", mas sem o ponto de exclamação. A dor nas costas aumenta e de repente, não mais que de repente, como diz o poeta, vem a revelação, a gripe! Começo a suar, e agora? Gripe a domicílio é duro de suportar, imagine então... Fico em pânico. Vou morrer e como é de praxe, lá no Brasil os defuntos devem ser enterrados na pátria e daí me vejo engradada e entrando pela porta dos fundos do jato, tudo na calada da noite porque não é agradável o passageiro saber que lá atrás...

Encho o copo de vinho. Mister Hom Tim-Tim insiste em me oferecer algas da montanha e brotos de bambu, e tão enfeitados que não deviam ser comidos mas ficar em exposição em cima do piano. Agradeço e confesso, Estou doente. Doente? Ele pergunta e me encara com gravidade. Toca de leve na minha mão. E pede que eu vá com Mister Wang ver o médico com o consultório no próprio hotel.

Bebo mais vinho e de repente fiquei feliz, ora, gripe... A medicina chinesa tinha a sabedoria de cinco mil anos e agora um daqueles sábios ia me tratar. Dei a mão para Mister Wang e entramos no elevador. Assim que chegamos ao consultório ele transmitiu ao médico de avental branco as minhas queixas que ele ouviu com a maior atenção, um sorriso misterioso no canto da boca. Abriu uma porta e ele deu à enfermeira algumas instruções em chinês, ela sorriu e me levou até uma sala que parecia sala de cirurgia. Vestiram em mim um longo avental e com gestos brandos a enfermeira pediu que eu me deitasse na mesa.

"É só gripe que tenho", murmurei debilmente porque pensei de repente, vão me operar! E a enfermeira com aqueles preparativos que acompanhei com o olhar. A enorme seringa já em suas pequeninas mãos. Anestésico? perguntei com brandura embora soubesse que ela não entendeu. Nesse instante, abriu-se a porta e ouvi a voz de Mister Wang esclarecendo que estavam verificando se eu era alérgica à penicilina, iam me dar uma dose de penicilina.

Respirei até o fundo da alma e disse que no Brasil tomava litros de penicilina e não acontecia nada, mas Mister Wang delicadamente respondeu que eles precisavam fazer esse teste porque a vida de madame Telezê é muito preciosa para nós. Fiquei desvanecida e entreguei-lhe o braço. E tive vontade de cantarolar a canção de Dorival Caymmi, *É doce morrer no mar*... Então montei no lírico cavalo de Shi Pai--Hom que vi numa gravura, tinha as crinas incendiadas e livres as patas galopando nas nuvens...

PEQUIM, 9 DE OUTUBRO DE 1960

Desci do cavalo sem febre mas deprimida. E pela frente a semana agitada, mais visitas a comunas populares, exposições, museus, escolas... Na conferência de Mao Tsé-tung, esta ideia que guardei: A China deve caminhar sobre duas pernas, uma perna era a agricultura e a outra perna, a indústria, sendo que a perna direita, a da agricultura é que devia iniciar a marcha. Guardei também o slogan da capital vermelha: "É preciso que o futuro saia do próprio passado", o que significa que é preciso respeitar a Velha China, com a tradição dos seus palácios e pagodes para deles tirar a inspirada sabedoria de cinco mil anos de vida.

Teria sido a ideia da morte que fez reavivar a minha fé? Sei que acordei de madrugada. O relógio marcava três horas. É dia no Brasil, pensei e fui até a janela. O céu estrelado era igual ao nosso céu, diferentes mesmo eram os chineses e aquela misteriosa janela. Então me veio a vontade de ir à missa, mas não era domingo? Raramente vou à missa porque me distraio no meio de muita gente, espero que a igreja fique mais vazia para assim rezar em paz. E agora, no Hotel Chein Mein, olhando as estrelas, aquela saudade de Deus.

Esperei amanhecer, fui tomar o meu chá e desci para o hall. Mister Wang já tinha chegado com sua farda, óculos e a cara de mocinho exemplar. Perguntei pelo programa do dia e quando vi que nossa manhã estava livre, fiquei feliz e disse que gostaria muito de ir à missa e Helena Silveira talvez gostasse da ideia mas isso, é claro, se tivesse uma igreja católica em Pequim.

Ele fixou em mim o olhar demorado e creio que cabe aqui lembrar o extraordinário controle fisionômico do chinês. O ocidental, o latino, principalmente, é extrovertido, as paixões transparecem com tanta naturalidade na fisionomia, na voz. Mas o chinês é assim recolhido. Discreto. Fala pouco, gesticula pouco mas ouve, ah! excelente ouvinte. Caso não existisse essa fronteira da língua e os nossos políticos tão ardentes e falantes poderiam fazer na China os seus discursos e teriam ouvintes sobrando além dos palanques... Esse controle emocional seria a causa dos ocidentais apontarem nos orientais um traço de hipocrisia, de máscara? Como se os transbordamentos latinos exprimissem com fidelidade aquele retrato verdadeiro que fica sempre escondido lá nesse inalcançável fundo do ser humano.

O fato é que Mister Wang não demonstrou estranhar a minha ideia, gentilmente se ofereceu para telefonar para a nossa amiga e mais alguns minutos já estávamos os três no táxi a caminho da igreja no claro domingo de sol.

Entramos. Num canto do pequeno jardim, a gruta de pedra com a imagem de Nossa Senhora de Lourdes lá no fundo. A igreja é modesta, chão de cimento e toscos bancos de madeira. Nos altares, as ingênuas imagens ocidentais e que lembram as imagens daqueles nossos longínquos vilarejos. Um Cristo de olhos azuis e longa cabeleira loura exibe no peito o coração gotejando sangue. Uma santa que não reconheci tem uma longa palma verde na mão. Um São Vicente de Paula abriga no longo manto um menininho chinês. Pensei na minha infância de anjo de procissão e me emocionei, ah! os altares com as flores de papel e toalhinhas bordadas, o mesmo espírito casto e doce como aquele perfume de incenso a subir dos turíbulos.

A igreja estava cheia de devotos chineses, velhos, jovens e crianças seguindo a cerimônia no altar principal com o padre de batina dourada e branca, com os dois meninos de bata vermelha fazendo soar a campainha antes da elevação da hóstia. O padre dizia a missa em latim, os devotos rezavam em chinês e Helena Silveira e eu em português, perfeito o entendimento entre todos na única linguagem da fé.

PEQUIM, 10 DE OUTUBRO DE 1960

Há um outro intérprete que colabora com Mister Wang na difícil tarefa de nos guiar e traduzir, Mister Li.

Mister Li é um pouco mais velho e mais risonho do que o companheiro, com a cara amável e reluzente assim de um Buda. Não veste como Mister Wang a roupa de brim azul, mas uma roupa cor de azeitona, o que significa que hierarquicamente ele ocupa uma posição superior a dos intérpretes comuns.

Logo cedo me telefonou, "Madame Telezê, *vous êtes en retard!...*". Peço desculpas pelo atraso, mas é que esta minha juba... Amarro um lenço na cabeça para prender a cabeleira indócil, há no hotel um pequeno instituto de beleza com cabeleireiro, manicura e todos os petrechos próprios de um salão do gênero. Mas os programas são demasiado intensos para ter tempo de vadiar sob um secador.

Tomo o café da manhã, ou melhor, o chá que o café é ruim para maior pompa e glória do chá que é bom.

Subimos no táxi. Agora já me habituei às tais luvas brancas que os motoristas e ciclistas usam como um acessório do uniforme de brim azul, ah! sem dúvida a paisagem humana é monótona, faz falta a mistura de cores principalmente nos trajes femininos porque assim de costas elas parecem rapazinhos com as calças compridas e largas e as camisas azuis. Sim, a paisagem humana é monótona. Mas compreendo perfeitamente que um povo recém-saído de um guarda-roupa de farrapos vista — pelo menos por enquanto — nada mais do que uma roupa limpa e digna. A farda da miséria foi substituída por uma farda de trabalho.

E essa não pode ter os requintes que desejam os olhos dos burgueses românticos.

O programa é fazer uma visita à Casa do Escritor. Um sol meio velado e morno ilumina discretamente a manhã. Vou olhando as ruas repletas de gente. E eis que me ocorre uma pergunta, Mas onde é que estão os namorados? Desde que cheguei ainda não vi nenhum casal de mãos dadas, olhos nos olhos... Será que os chineses namoram assim tão na moita que nem se percebe quando um par amoroso passa diante de nós? Afinal, o chinês pode ser diferente do ocidental mas no capítulo do amor as variantes não podem ser muitas: no amor e na morte os povos todos se aproximam. Um par enamorado no Brasil ou aqui em Pequim deve fazer necessariamente tudo o que fazem os outros namorados do mundo: andam enlaçados, trocam olhares e se beijam nos desvãos, enfim, têm todos aquele ar indisfarçável de quem vai pelas nuvens... Ora, desde que cheguei, não vi ninguém com esse ar, ao contrário, todos parecem pisar firme no asfalto e numa só direção. Não resisti ao desejo de falar sobre isso com Mister Li, Mas onde estão os namorados? Ele sorriu. "Não temos tempo de pensar nisso, madame Telezê." Fiquei pensativa. Não?... Mas seria saudável essa atitude, a de concentrar todas as forças e o pensamento num só sentido, a nação? Não estariam os jovens, pelo menos os jovens, quebrando toda uma hierarquia de valores nessa sublimação patriota? Tal misticismo heroico não acabaria por ressecar o coração juvenil? Não acabariam eles amargos e solitários dentro desse regime? Está certo, não precisavam fazer como em Paris, onde o amor pelas ruas e pelos parques, nos metrôs e nas margens dos rios é uma beleza, tamanha liberdade. Não, eu não pedia que amassem como os nossos namorados de Copacabana em noite de luar, mas essa ausência do amor declarado ou revelado não acabaria por recalcar essa geração?

Mister Li fixou em mim o olhar ligeiramente irônico. "Pois sendo assim como é, já temos a maior população do mundo. Imagine então com mais liberdade..."

Foi a minha vez de sorrir. Sem dúvida, o argumento era perfeito. "Estamos em busca do tempo perdido", prosseguiu ele. Pensei em Proust, olha aí, Proust estava sendo lembrado em Pequim, *Em busca do tempo perdido*. Ele ainda voltou-se para acrescentar qualquer coisa, mas nesse instante chegávamos à Casa do Escritor.

PEQUIM, 10 DE OUTUBRO DE 1960

A Casa do Escritor está instalada numa antiga mansão e que foi a residência de um nobre. Atravessamos o jardim interno e entramos numa bela sala decorada com o mesmo estilo íntimo e acolhedor da época em que ali morava a antiga família. Na parede principal da sala, um grande retrato do escritor russo Górki, considerado o fundador da literatura realista. Mais adiante um retrato de Lu-Sin, o amado escritor chinês.

Diante das poltronas, pequenas mesas de madeira com cigarros, fósforos e as clássicas canecas de porcelana com o chá de jasmim. Um perfume adocicado no ar. Penso que foi nessa Casa do Escritor que senti o verdadeiro espírito de pesquisa do oriental. Fiquei olhando a mesa na minha frente com aquele tampo de madeira esculpida tão fina e um belo rendilhado em labirinto descendo para os pés desabrochados em dragões. Naquela mesa estava o espírito da Velha e da Nova China mostrando a paciência e a delicadeza oriental sem esquecer dessa obstinação que se sustenta sobre os dragões vigilantes, símbolo do povo.

Os escritores chineses sentaram-se ao redor e ali ficaram calados, à espera de perguntas que gostaríamos de fazer. Mister Li, muito atento, era a ponte de ligação entre os escritores do Brasil e da China. Travou-se o diálogo e ficamos sabendo que o Estado sustenta a Sociedade de Escritores e ainda paga aos escritores um salário mensal. Soubemos também que alguns escritores vivem a serviço da causa socialista e outros, menos ativos, são colaboradores do regime.

Para não perder esse contato constante com o povo, para não ficar distante da realidade, o escritor é obrigado a passar temporadas nos meios agrícolas, junto da terra e do homem da terra, conhecendo seus problemas, a sua luta e o seu sonho. Importante notar que também os governantes são obrigados a essas temporadas para que se humanizem, sintam nessa aproximação a vida real da sua gente na luta pela sobrevivência.

Quando o escritor Liu Pei Yi, vice-presidente da Sociedade se calou, perguntamos sobre os temas de preferência abordados pelos prosadores. Um poeta alto e magro, que Helena Silveira achou muito parecido com o nosso poeta Paulo Bomfim, esclareceu que os temas em geral são corajosos, heroicos, com o intuito de levantar o ânimo do povo, provocar o leitor, ensiná-lo a reagir. E a esperança? A fé? E o sonho?

Não há prêmios literários, tão comuns no Ocidente, mas o importante é o reconhecimento e o aplauso. Quando o escritor atinge um alto nível literário ele vai para as antologias sob a responsabilidade do Estado, antologias publicadas em altas tiragens e distribuídas nas escolas. E acrescentou o Paulo Bomfim em edição chinesa: a crítica é livre. Contudo, mais importante do que a opinião do crítico é a opinião do leitor que seleciona e elege os seus ídolos.

Um chinesinho de roupa branca e pés de veludo vem encher novamente as nossas canecas e sinto na boca um sabor de primavera.

A conversa prossegue mansa e profunda. Mister Hom Tim-Tim me apresenta a uma escritora já madura que se aproxima com expressão tímida, é a romancista Wei Tchun Yi. Iniciamos uma conversação em francês e na qual elogiei a beleza dessa casa. Ela então esclareceu que o dono, que alugou a casa para o Estado, tinha muito bom gosto. Achei estranho, ora, nesta Nova China havia propriedades privadas e ainda — no caso — alugada para o governo? A romancista sorriu e esclareceu que a socialização da propriedade ia num ritmo lento, sem violência nem medidas drásticas para não provocar confusão e revolta. Na fase atual os antigos proprietários ainda conservavam seus bens e podiam alugá-los ao Estado como se aluga a um particular. Mas salientou que era necessário distinguir a propriedade privada elementar — uma casa, por exemplo — da propriedade maior e que constitui fonte de produção, por exemplo. Antes da liberação o regime era feudal. Depois da revolução agrária em 1946 o governo — com o auxílio direto dos homens do campo — confiscou as terras dos latifundiários que pertenciam à burocracia de Chiang Kai-shek e distribuiu essas terras aos lavradores. Após a liberação, foi então promulgada a Lei da Reforma Agrária.

Perguntei-lhe o que pensava o povo a respeito de Chiang Kai-shek. Ela ficou séria. Um ligeiro rubor coloriu-lhe o rosto. "Exatamente o que se pensa a respeito de um traidor. Ele nunca amou a China. Amava o conforto e amava seu círculo de amigos ricos aos quais fornecia riquezas ainda maiores."

O sol do meio-dia já brilhava na vidraça quando nos despedimos dos escritores chineses. Na saída, nos presentearam com o livro de poemas em edição bilíngue (chinês e francês) de Mao Tsé-tung, o líder também era poeta.

SHANGAI, 11 DE OUTUBRO DE 1960

Estamos no trem a caminho de Shangai. A viagem é longa, trinta horas da Capital Vermelha até Shangai. O restaurante é confortável, com poltronas, mesinhas com o abajur e as canecas de chá. Não sei por onde andam meus companheiros, sei que Mister Hom Tim-Tim pode me dar informações sobre essa Shangai que conheço através da literatura e do cinema. E se escrevo Shangai com o antigo S, é porque vejo nesse S o sinuoso movimento da cauda daquele dragão de goela vermelha e juba acesa.

Expresso de Shangai. Não seria esse o título daquele filme que vi numa retrospectiva e que fez o maior sucesso?

Lembro que uma atriz loura e bela — seria Marlene Dietrich? — era o centro de intrigas e de mistérios, trementes suas narinas assim como os focinhos dos coelhos. E os espiões circulando e tramando fora e dentro das cabines e nas quais os mais perigosos eram atirados pela janela.

Mister Hom Tim-Tim serve o chá e acrescenta que os filmes não exageravam quando os diretores vinham com os seus astros e câmeras filmar na cidade do ópio, da jogatina e da prostituição. Era sedutor o contraste do luxo fabuloso com as ruas esfarrapadas e os seus antros do vício. Eram muitos os rios de ouro e onde se banhavam os imperialistas vindos de todas as partes do mundo, ah! o prazer da libertinagem! Na concessão francesa tinha o Le Grand Monde, centro de traficantes e de contrabandistas, uma fauna que com o meretrício ocupava cinco espaçosos andares do edifício. Era tamanha a desfaçatez dos forasteiros que até fundaram o Clube dos Bandidos, centro de ladrões bem-humorados e com ramificações que alcançavam as cidades vizinhas. Célebre era ainda o Shangai Club, um grande bar frequentado por contrabandistas que se especializavam no tráfico de mulheres. E o povo? Ora, o povo... O que podia fazer esse povo ignorante e obediente, sujeitando-se a tudo em troca da vaga promessa de um pouco da droga. Mais de trinta mil vendedores soltos nas ruas, oferecendo aos passantes a mercadoria... Em 1947 chegou a cem mil o número de prostitutas espalhadas pela cidade. E a polícia? Ora, a polícia não podia fazer nada porque também estava corrompida. Ficou famoso um policial, Yu Vo-tsé, chefe de uma poderosa quadrilha com mais de trezentos membros... E os mortos, na maioria crianças, atirados nos rios ou abandonados nas ruas. Num só mês foram recolhidos centenas de cadáveres sem certidão de nascimento nem de óbito, ah! cremar depressa a anônima miséria e adeus!

Mister Hom Tim-Tim fez uma pausa. Levantou a cabeça e prosseguiu dizendo que todo esse lodo humano foi finalmente varrido, a cidade que íamos encontrar era uma cidade de trabalho e disciplina. Os aventureiros foram expulsos, presos ou reeducados assim como as prostitutas. Fechados os antros, aos poucos foram transformados em centros culturais para os estudantes e para os operários. As nossas esperanças! acrescentou Mister Hom Tim-Tim com um sorriso. Shangai é hoje uma cidade de cimento e aço e nela não cabe o aventureiro e a meretriz.

Esvaziei a minha xícara de chá. Quer dizer que a prostituição — eu comecei em voz baixa e não terminei a frase mas ele entendeu a dúvida desta convidada que vinha do Terceiro Mundo e onde esse problema... Mister Hom Tim-Tim demorou um pouco para falar. "Seria ingênuo afirmar que desapareceram todas mas posso dizer que noventa por cento delas já estão reeducadas ou em fase de reeducação. Afinal, suas vidas eram semelhantes àquelas pragas que fizeram sofrer tanto o nosso povo, as moscas, os pardais, os ratos... Entenderam com que desesperado ardor nos empenhamos nessa luta e resolveram colaborar."

Abraço Mister Hom Tim-Tim, ele está certo, o importante era manter acesa a chama do sonho e depois, o resto... Voltei para minha cabine, eu merecia agora dormir neste calmo trem de Shangai.

SHANGAI, 12 DE OUTUBRO DE 1960

Meu amor por Shangai foi assim do tipo amor à primeira vista. Gostei muito de Pequim mas foi a lendária Shangai que tocou fundo no meu coração. Pequim é uma cidade reta como um quartel sem soldados mas com o espírito da inflexível disciplina militar. Shangai é assim meio velada e sinuosa, é tão belo o porto central que vi banhado pela luz do luar. Estava coalhado de embarcações, o Rio Wang-Po é que banha a cidade e é bom lembrar que esse é um dos mais importantes portos fluviais do mundo.

Ruas largas e edifícios imponentes, marcas do imperialismo inglês e francês com aqueles senhores e os seus negócios na maior parte inconfessáveis. Mas dessa tirania resultaram, enfim, algumas belas coisas como edifícios e praças que ainda guardam o esplendor de um tempo que ficou no passado.

Em Pequim eu disse ao Mister Li que gostaria de conhecer Shangai, é uma bela cidade não? Uma sombra passou pelo olhar do nosso intérprete: Gosto mais de Pequim, ele disse depois de alguma hesitação. Ocorreu-me então perguntar, E de onde é o senhor? Ele sorriu: Sou de Shangai.

Compreendo agora a razão daquela sombra que passou pelo seu olhar porque para o chinês da Nova China essa Shangai é uma lembrança de humilhação e sofrimento que o estrangeiro ali deixou. Os ocidentais, pequeno-burgueses românticos, ficam mesmo encantados com a beleza da cidade porque não sabem que essa beleza tem gosto de lágrimas e sangue.

Fomos conduzidos ao Hotel da Paz que é luxuoso com seus vastos apartamentos, tapetes e lustres que iluminaram centenas de viajantes de todas as partes do mundo que vinham desembocar nos mares da China. A cozinha oriental e ocidental, a escolher. Não fosse a presença dos garçons chineses e esse seria o restaurante de um importante hotel de Londres.

Mister Hom Tim-Tim usa os pauzinhos mas eu fico com o garfo e a faca porque comer com esses pauzinhos é como tentar abrir aquela janela lá em Pequim, a gente pensa que desvendou o mistério destas terras e gentes e descobre que esse é apenas o *Sonho de Uma Noite de Verão*.

Antes do governo de Mao Tsé-tung nenhum chinês podia entrar neste hotel, foi o que me informou Mister Hom Tim-Tim. E nem sentar numa mesa do restaurante como ele agora estava sentado. E contou-me o episódio que achei tristíssimo: o dramaturgo inglês, Bernard Shaw, de passagem pela cidade, hospedou-se neste hotel e desejou conhecer Lu-Sin, o maior escritor do país. E assim fez o convite para ele vir ao hotel onde jantariam juntos. Lu-Sin aceitou o convite e conduzido por dois amigos (era quase paralítico) chegou ao hotel. Mas o recepcionista chinês impediu a sua entrada porque no hotel era proibida a entrada de chineses. Lu-Sin apenas sorriu e pediu aos amigos que o levassem de volta para casa.

SHANGAI, 13 DE OUTUBRO DE 1960

Nestas ruas o mesmo intenso movimento das ruas de Pequim, gente, tanta gente! Poucos carros e muitos ciclistas, os donos do asfalto. E os triciclos nos transportando rapidamente de um lado para outro e sem exigir dos condutores aquele esforço brutal dos homens do antigo riquixá e que morriam cedo, vítimas de lesões cardíacas ou tuberculose... Tempos novos!

Nanking Road é a principal rua da cidade com muitas casas comerciais exibindo nas vitrines seus artigos fascinantes: sedas, brocados, porcelanas, objetos de laca, joias de jade, gravuras... E os transeuntes com a clássica farda de algodão azul mas vejo que aqui há variedade nas roupas e nessa variedade uma indicação, é mais alto o nível econômico deste povo.

Não vi mendigos. Visitamos uma grande exposição industrial e em seguida fomos levar flores ao túmulo do escritor Lu-Sin e que ficou sendo o símbolo de um povo desterrado na sua própria terra. É comovente o amor dos chineses pelo romancista falecido em 1936. Foi construído um museu em sua memória, A Casa Comemorativa de Lu-Sin. Nessa casa conheci a mais bela chinesa destes mares, a poetisa Whang Chiang Ying. Vestia um blusão de boa qualidade mas simples, saia justa, meias e sapatos ocidentais. Na boca um leve brilho de batom e nas unhas, o esmalte rosado. Foi a única mulher que vi maquilada. Além de poetisa era atriz de cinema, trabalhou em alguns filmes que fizeram sucesso e com roteiros de sua autoria. A mais bonita chinesa que encontrei podia dar o braço para aquele jovem operário que conheci numa usina e formariam o mais belo casal dessa raça. Um magnata do cinema americano poderia contratá-los para um filme, *Os Chineses Também Amam*. Um título tolo mas sedutor, não é com vinagre que se apanham moscas...

Não vi moscas em Shangai nem as tais mariposas famosas lá em Pequim mas sem dúvida é a mais fascinante cidade que encontrei nesta viagem. Onde foi que provei aquele chá com perfume de eucalipto?

Eis aí uma boa ideia que deve ser imitada pelas cidades do mundo, a gente chega a um museu, a uma exposição ou fábrica e antes de mais nada recebe uma caneca de chá. O chinês tem esse dom da cordialidade e que curiosamente o aproxima do povo baiano... Mais andanças nesta Shangai de passado tão corrupto mas que agora se oferece com um ar assim terno e grave de Filho Pródigo, arrependido, mas ainda com as marcas daquele antigo mundo.

Encontrei numa grande loja uma jovem chinesa de olhos esverdeados e cabelos quase louros, lembranças da presença do imperialismo americano, francês ou inglês. A moça retribuiu o meu cumprimento mas baixou o olhar fugidio.

Contou-nos Mister Hom Tim-Tim que era tão intensa a jogatina na cidade que inventaram até uma novidade que fez o maior sucesso, os centros de corridas de cães. Apostas enormes do público europeu vibrando na torcida diante da pista que se estendia sinuosa por entre a plateia. Nessa pista a cachorrada perseguindo o coelho mecânico, um número na coleira de cada cachorro. Qual deles vai alcançar o coelho?...

Ainda um importante centro de jogos e negociatas era o Jóquei Clube e que tinha um letreiro na porta de entrada: *Proibida a entrada de cachorros e chineses.*

PEQUIM, 16 DE OUTUBRO DE 1960

Diante do mapa, apontando a China, Napoleão disse um dia: "Eis um gigante que dorme. Quando ele acordar, fará tremer o mundo".

A China acordou, está acordadíssima. Dormindo estava eu na longa viagem de volta de Shangai, quando não pude ver o famoso Rio Amarelo, a gente perde tanta coisa enquanto dorme...

Chegamos às cinco horas da madrugada, a vasta estação já fervilhando, não esquecer que o povo aqui acorda cedo. Uma velha de pés atrofiados caminha ao meu lado arrastando pela mão uma menina de uns quatro anos e que tem os pés do tamanho dos pés da avó.

Velha China. Nova China. Imagino como seria essa velha quando jovem: se era nobre tinha obrigação de ter aqueles pés infantis, olhar sempre baixo, voz aguda — característicos de elegância e beleza. Se era do povo, sua condição então se reduzia simplesmente à de uma escrava, propriedade da família enquanto solteira, propriedade da família do marido quando casada. Com direito de trabalhar desde o raiar do dia até a hora de se estender na cama, moída de cansaço e com o corpo dolorido porque as surras eram mais ou menos diárias. Com a nivelação dos direitos da mulher aos direitos do homem no novo regime, figura só nas gravuras o tipo da mulher-bibelô, uma flor de estufa ociosa e infeliz se pertencente a uma classe abastada. Simples animal de carga, sem personalidade e sem os mais rudimentares direitos se pertencente a uma classe inferior.

"Noventa por cento das mulheres trabalham agora nas mais variadas atividades", informou Mister Li. Na hipótese de ser infeliz no casamento ela pode recorrer ao divórcio e sem os problemas daquele furioso dragão de sete cabeças avançando nas desajustadas como acontecia antes da lei que as nivelou aos homens.

O táxi segue tranquilo em direção ao hotel. A mocinha do trânsito — pés grandes, cabelos curtos, gestos decididos — indica que o caminho está livre.

E livre também será hoje a minha tarde. Faço meus planos: algumas compras. Telefonar a Lídia, mulher do Benedito de Carvalho, ambos cariocas e residindo atualmente aqui. Trabalham na Rádio de Pequim, árduo trabalho que se estende pela madrugada, pois o programa sob a responsabilidade de ambos deverá ser irradiado altas horas da noite para ser ouvido de dia lá no Brasil... Lídia conheceu todos os bazares, é a mais paciente e amável criatura que já encontrei nesta viagem. Já anda assim como os chineses, pisando de leve como se calçasse sapatos de lã. E fala mansinho e sorri mais com os olhos do que com a boca. Comprarei gravuras, aquelas gravuras com os cavalos de Shi Pai-Hom. E as gravuras com flores, as famosas flores e pássaros de Shi Pai-Shi.

Quero me certificar bem de que durante a tarde me atirarei em andanças pelos bazares e assim pergunto a Mister Li, se por acaso nós temos hoje algum programa.

Ele volta para mim os olhinhos que me parecem menores assim embuçados na neblina da madrugada: "Tarde livre, madame Telezê". E após uma pausa, sorri maliciosamente: "Madame Telezê vai fugir outra vez?...".

Desato a rir. Ele se refere à ultima noite que passamos em Pequim. Estava combinado: teatro para a delegação do Brasil. Mas eu não queria ir ao teatro, já tinha assistido à Opera de Pequim, adorei e etecetera e tal, mas não era possível ver mais de uma vez os artistas naqueles encantadores miadinhos por entre os quais eu só entendia a lágrima ou o riso. Inútil afetar interesse. E foi o que muito delicadamente, é claro, eu disse ao nosso Li. "Quero sair à noite, Mister Li, mas sem programa e sem passaporte e sem guia, banzando sem destino pelas ruas de Shangai."

Notei o olhar de apreensão de Mister Li. E antes que ele argumentasse que minha vida era preciosa e enorme era a responsabilidade deles com todas as nossas preciosíssimas vidas, acrescentei que madame Silveira iria também. Não havia mais bandidos em Shangai, hein? E eu era esportista, uma corredora dos quatrocentos metros rasos... Ele concordou. E saímos, Helena Silveira e eu. Tomando o cuidado de levar escrito, em caracteres chineses, o nome do nosso hotel, iguais àquelas criancinhas da história que vão jogando os grãozinhos de milho para encontrarem o caminho da volta.

A noite estrelada. Subimos num triciclo. O chinês saiu pedalando, pedalando, pedalando... Olhei para a lua. Era como se eu estivesse lá. A voz de Helena Silveira foi ficando distante. Cortadas completamente todas as amarras, fiquei só no topo do mundo, sem entender nada e não querendo entender nada! Um pardal poderia vir comer os grãos de milho do caminho, não importava, mas não importava...

"Para onde vamos indo?", perguntou Helena Silveira meio assustada. Voltei-me então para ela. E de repente me lembrei de que dentro de três dias — numa madrugada e sob aquelas mesmas estrelas — devíamos subir no jato a caminho do Brasil.

PEQUIM, 18 DE OUTUBRO DE 1960

Eis que chegada é a hora. Primeiro, as confusões da bagagem, ai de mim! como fazer caber nas duas sacolas toda minha roupa, livros, gravuras e objetos de arte que andei comprando. E mais aquele par de sapatos que ia esquecendo debaixo da cama: sapatos enormes, acho que eles cresceram e então posso fazer a pergunta de Machado de Assis, "Mudaria o Natal ou mudei eu?". No meu caso mudaram os sapatos.

Visto três pulôveres dos mais grossos, pois felizmente, faz frio; e com isso, diminuo o peso da bagagem (só tenho direito a vinte quilos no avião), ao mesmo tempo que se abre uma vaga na sacola, vaga tão mesquinha que nela mal cabe o tal par de sapatos e justamente aquele que nem usei.

Sinto ainda no pulôver o cheiro de café e então lembro daquela noite em Paris — parece que foi há tanto tempo! — quando abri a bagagem e tive a surpresa de ver rompido o pacote e o pó lindamente entranhado nas roupas. Café que eu trazia para oferecer aos chineses, tinham me dito que os chineses gostam muito do nosso café. Ilusão, do que eles gostam mesmo é de chá. E de cinzeiro com asa de borboleta, dei um ao nosso Mister Wang e notei como seus olhos brilharam, "Borboleta do Brasil?"...

Logo após o jantar, o grande susto da noite: veio Mister Hom Tim-Tim devolver-me o passaporte juntamente com a passagem de volta. E perguntou pelo atestado de vacina que tirei no Brasil. "Mas não estava junto com minha papelada?", perguntei ansiosamente ao anfitrião. Não, não estava. E sem o tal atestado eu não podia viajar, ou melhor, na China eles não punham nenhuma dificuldade quanto à minha saída, mas e daí por diante? E se na Sibéria viesse o policial exigir esse documento, "Quero o atestado de vacina", insistiria num bom francês para que eu não tivesse a menor dúvida quanto à exigência. "Quero o atestado de vacina!" Inútil afetar perplexidade e que é uma boa solução em outras circunstâncias. Teria então que ficar na Sibéria, tomando chá com aquela mulher que me emprestou agulha e linha para pregar os meus botões? Meu desânimo aumentou quando notei que a voz de Mister Wang tremia ligeiramente quando me pediu que procurasse mais uma vez, quem sabe estava em algum bolso do casaco...

Foi quando Sebastián Salazar, da delegação do Peru, ao saber das dificuldades desta Marco Polo, teve a fabulosa ideia, um poeta e santo esse Sebastián Salazar com sua ideia genial: eu poria dentro do passaporte um papel qualquer com caracteres chineses. E quando na Rússia ou na França — fosse onde fosse! — perguntassem pelo tal atestado, eu apresentaria o papelzinho: um atestado chinês. Ora, ninguém conhece a língua fora destes mares e até provarem que esse apenas era um simples convite para um banquete...

Porque foi justamente o convite para o banquete logo após nossa chegada, que escolhi como o tal atestado. "Se calhar de não chamarem um intérprete", advertiu maliciosamente o conselheiro peruano.

Perguntei-lhe se era parente do Salazar de Portugal. Não, não era. E enquanto me oferecia seu livro de poemas, quis notícias políticas do Brasil. Não tardou a pergunta principal: serviria para o Brasil o regime da Nova China?

Minha resposta foi sem hesitações: não. Para o Brasil, não daria certo não. Ótimo, sim, para a China, não para nós. Ele indagou então por que eu pensava assim. Tive um sorriso. Difícil de explicar... Só mesmo quem nasceu no Brasil, só mesmo quem mora no Brasil é que compreende bem porque um regime assim não se adaptaria à nossa gente. O brasileiro é inconstante, indisciplinado... E é nessa indisciplina e nessa inconstância que reside nossa modesta felicidade, respondi. "A gente gosta é de brincar, somos muito brincalhões", prossegui. E nesse momento, Sebastián Salazar entendeu e sorriu. Tinha passado dois meses no Rio, época do carnaval. Conhecia bem o nosso jeitão...

"Está claro que nossa democracia não é aquela perfumosa flor, como diz a valsa. Mas ainda assim é preferível a outros tipos de regime." E nesse instante lembrei-me de uma menina a se queixar da mãe, que ela era uma egoísta, uma malvada e mais isso e mais aquilo. A mãe irritou-se: "Pois então escolha uma mãe melhor para você, escolha outra mãe, vamos!". E a menina, a se afastar com toda a dignidade: "Eu fico com essa malcriada mesmo...".

Pois, pois... como dizem os portugueses no começo e no fim de uma conversa. Em face dos acontecimentos, como diz ainda o poema...

Peregrino Júnior e Magalhães Júnior já tinham partido. O casal Pereira Nunes e a bela Maria Della Costa com Sandro Polônio, tinham viajado para o interior, em visita a comunas agrícolas. Soube que outros tinham seguido para a Índia. Em Pequim restara Helena Silveira e eu.

Agora era a nossa vez. No céu, empalideciam as últimas estrelas quando chegamos ao aeroporto. Abracei emocionada o nosso Mister Wang, com seus óculos e seu espanadorzinho de cabelos. Estariam seus olhos lacrimejando ou as lágrimas estariam apenas nos meus?

Mister Hom Tim-Tim ofereceu-nos flores, úmidas ainda do orvalho da manhã. "Amo a China" eu disse e pela última vez Mister Wang transmitiu minhas palavras aos chineses que formavam um pequeno grupo em torno de nós. Pela última vez ele me estendeu timidamente a mão: "Adeus, madame Telezê. Adeus".

Sobre Lygia Fagundes Telles
e Este Livro

Felina China

POSFÁCIO / ANTONIO DIMAS

De pesquisa rápida pelos dicionários de nossa língua, nos clássicos ou nos escolares, anota-se que a palavra *chinesice* carrega divergências ligeiras, mas convergentes. *Grosso modo*, a palavra define "objeto de pequeno porte, de elaboração intrincada, feita com paciência e minúcia, mas de utilidade incerta". Em francês, *chinoiserie* comporta também a ideia de "complicação extravagante". *Chinese puzzle*, em inglês, significa coisa complicada, difícil de ser resolvida. No espanhol, entre as várias acepções, *chino* comporta ainda a de "trabalho extremamente laborioso, geralmente por sua minúcia".

Sem ir muito fundo na questão, pode-se notar que esses significados carregam, no seu interior, a percepção desfavorável de uma cultura cuja intimidade não é de fácil alcance aos olhos do Ocidente, apesar de reiteradas tentativas, pacíficas ou violentas. Desde o século 13, Marco Polo tem tido inúmeros seguidores, mas a reserva chinesa continua intrigando e desafiando nossa presunção ocidental.

Embora o desembarque grupal dos primeiros chineses no Brasil, originários de Macau, possa ser datado em torno de 1810, a vinda deles acabou por se tornar uma questão polêmica e de ameaça nacional, nas últimas décadas desse mesmo século. Diante do mistério, da ansiedade e da incerteza que cercavam esse povo, retraiu-se o nosso, e dessa atitude arisca alguns traços podem ser entrevistos em frestas da literatura brasileira desse período.

Machado de Assis, por exemplo, roçou o tema. Em *Falenas*, há uns poemas curtos e convencionais que o poeta alega ter encontrado no livro de uma viajante de origem inglesa ou norte-americana. Em meio às crônicas de suas *Balas de Estalo*, por outro lado, encontra-se uma, bem galhofeira. Fingindo ter recebido, por carta, as impressões de um chinês em visita ao Rio, Machado constrói, com base nas impressões do asiático assustado, uma mixórdia linguística bem ritmada e modelada pela promiscuidade vocabular e pela sonoridade contrastiva.

Na mesma linha de perplexidade crítica diante do cotidiano carioca, inscreve-se a peça curta de Artur Azevedo, *O Mandarim*. Nela, o personagem principal irrita-se com os brasileiros que o confundem com mulher, por causa da saia, e não vê a hora de voltar para sua terra, porque "tudo aqui é diverso do que se pratica na China".

Com Bilac, sobrecarrega-se o tom, indeciso entre o espanto e o preconceito, exatamente no momento em que os *boxers* chineses se rebelaram de forma sangrenta contra o domínio europeu e sitiaram as embaixadas estrangeiras de Pequim, em junho de 1900. Diante do banho de sangue, mais um depois das duas grandes guerras do ópio, ocorridas em 1839 e 1856, Bilac alerta que "o formigueiro acordou; e toda a Europa e todo o mundo veem, com espanto e cólera, a agitação daquela inumerável multidão de rabichos, sacudidos de fúria assassina, propagando, em toda a imensa extensão do Império Celeste, contra os estrangeiros odiados, o saque, o incêndio, a tortura, o extermínio" (*Gazeta de Notícias*, 22 jul. 1900).

Na vez de João do Rio, um pouco depois de Bilac, o conflito e a perplexidade não são mais ameaça distante, não estão mais na Ásia, mas muito perto da Baía de Guanabara. Em visita a umas cafuas cariocas, o excelente jornalista narrativo faz uma antropologia urbana antes da hora e relata o que viu entre os fumadores de ópio. Pelo que se lê em uma de suas crônicas de *A Alma Encantadora das Ruas*, a desagregação humana é total: "A intoxicação já os transforma. Um deles, a cabeça pendente, a língua roxa, as pálpebras apertadas, ronca estirado, e o seu pescoço amarelo e longo, quebrado pela ponta da mesa, mostra a papeira mole, como à espera da lâmina de uma faca. Outro, de cócoras, mastigando pedaços de massa cor de azinhavre, enraivece um cão gordo, sem cauda, um cão que mostra os dentes, espumando".

Muito tempo depois dessa visão mórbida, a China que nos toma e ainda nos espanta é outra, não mais aquela em que o ópio e a prostituição, tão decantados pelo cinema, são ingredientes necessários.

É a China da revolução de 1949, quando os mandarins foram ejetados do poder; é a China da Revolução Cultural de 1966, que mascarou, sob o pretexto de varrer os resíduos da cultura burguesa, um violento rearranjo interno de seus mecanismos pelo poder; é a China do massacre estudantil da Praça Tiananmem de 1989; é a China atual de PIB capitalista e assustador, construído à custa de muita repressão ainda. Em suma, a China continua uma incógnita aos olhos ocidentais e nesse imaginário estamos nós também mergulhados e assombrados com os números enormes que envolvem tudo o que lhe diz respeito. Para muitos, até hoje, imersos na presunção ocidental, cheia de si, os chineses vivem "de mesuras sem cura, com esquisitâncias e coisinhiquezas", como diz o narrador de "Orientação", um dos contos de Guimarães Rosa. "Vivem de arroz e sabem salamaleques."

Nem mórbido, nem radical, nem cômico, nem inescrutável é o chinês que Lygia Fagundes Telles nos traz aqui. Mas o chinês ainda arredio à loquacidade dos trópicos e envolto em certo mistério providencial, adequado à apropriação ficcional e nem de todo despido de muita curiosidade.

Convidada oficial do país asiático, Lygia integrou um grupo de escritores brasileiros que visitou a China, em outubro de 1960. Viajou para assistir aos festejos do 11º aniversário da vitória das forças de Mao Tsé-tung contra os nacionalistas de Chiang Kai-shek, o que resultou na instalação da República Popular da China. De sua viagem, resultaram estas crônicas, publicadas no jornal *Última Hora*, a convite de Samuel Wainer. Com exceção de alguns fragmentos, publicados no livro *A Disciplina do Amor* (1980), nas páginas daquele jornal teriam elas ficado, não fosse o zelo documental de Lúcia Telles, uma de suas netas.

Muito depois da viagem, em conversa caseira, o filho perguntou-lhe, um dia, se a visita havia sido inteiramente à vontade ou monitorada pelo governo. "Só vimos mesmo o que nos foi permitido ver", foi a resposta de Lygia. Com essa frase curta, a escritora afasta qualquer hipótese de ilusão perdida ou de ressentimento ideológico. Graças ao seu realismo crítico, acolchoado por extrema boa vontade, a cronista comporta-se de modo cortês, sem forçar os limites implícitos e invisíveis do convite. Limites que, aliás, já experimentara de forma taxativa quando fizera escala em Moscou, onde a estrela vermelha do topo das torres do Kremlin continuou-lhe interditada, inacessível e inalcançável.

Em lugar tão distante e em momento tão polarizado da Guerra Fria, o que viu Lygia na imponente China, cuja virada política, onze anos antes, ainda cheirava a tinta fresca? O que lhe permitiram ver/saber da altíssima voltagem política daqueles dias, quando russos e norte-americanos se arreganhavam os dentes por causa da recente irrupção de Cuba nas barbas do Tio Sam? Era tal a intensidade do confronto que, no dia 19 de outubro de 1960, os americanos decretaram o embargo econômico a Cuba. Na noite do 18, segundo estas crônicas, Lygia embarcava de volta ao Brasil.

O que foi, então, que a escritora viu em tão poucos dias?

Lygia viu o que sua sensibilidade aprimorada, mas marota, lhe concedeu. Lygia viu o que lhe ensinaram seus anos como estudante de Direito sob a ditadura de Vargas, temperados pelo convívio historicamente liberal da velha São Francisco. Lygia viu o que sentiu e a atraiu e não o que determina a educação política convencional. Sua China é, portanto, mais existencial e sensorial que política; mais de *experiência feita* que de antecipação retórica. A imaginação, portanto, que circunda e banha a experiência da sua viagem, entrecortada por intensas escalas culturais em Dacar, Paris, Praga, Moscou, Omsk e Irkutsk, retira a seiva do cinema e da literatura previamente digeridos, não da doutrinação de palanque estudantil.

Imaginação e imagem são palavras correlatas. São elas que dão sustentação às crônicas deste volume e é por meio delas que o passado e o presente da narradora se misturam em continuidade ininterrupta, mas aberta à transformação da percepção. É dessa dinâmica que se alimenta a experiência individual de Lygia. No entanto, sua imaginação ora é rigorosamente individual e marcada pela vivência de quem carrega informações datadas e detectáveis, ora se amplia de forma generosa, englobando nela toda uma experiência geracional.

Sua Paris, por exemplo, não é aquela que ela vê, com um pingo de resistência, em 1960. É muito mais a do pós-guerra, em cujas ruas "passaram tantas personagens de livros que li desde a adolescência". A do presente provoca-lhe desconfiança moderada, com aquelas "mulheres [que] já não têm mais os cabelos armados nos penteados com altos topetes sustentados por novelos de lã, a moda é das cabeças pequenas com cabelos curtos e um tanto despontados, livres, escovados pelo vento. Os homens jovens ou maduros usam agora o penteado também curto, puxado assim para a frente e caindo numa ligeira franja sobre a testa, lembrando Napoleão".

Alimentada por repertório literário ou por histórias familiares (como aquela do tio "robusto, que bebia champanhe no sapatinho das vedetas" e que se afogou, literalmente, na voragem mítica da boêmia parisiense), a verdade é que a capital francesa submete-se ao escrutínio é à verificação *in loco* da cronista. Independentemente do seu longo tempo pessoal e compactado, a imaginação da viajante dispõe de informação suficiente para testar a cidade e reconfigurá-la a partir do cotejo entre o que vê e o que leu, ouviu e imaginou. Não é o caso, entretanto, da sua experiência ante Pequim ou Xangai, cuja construção mental se deu através da filmografia norte-americana que avassala tudo e que lhe sobe à tona ao enfrentá-las. Se Paris conta com o beneplácito histórico do mito ocidental, as duas grandes cidades chinesas, sobretudo Xangai, sofriam por terem sido distorcidas pelo imaginário ocidental. Em suma: Paris entra como experiência previamente favorável; Xangai é o seu oposto.

Embora diferente da cidade que retinha na memória, assim mesmo essa Paris ainda lhe parece "felina feito uma gata sensual que se oferece ao turista deslumbrado mas esconde a face verdadeira, a face profunda que fica oculta e que só obedece à voz do dono e esse dono é francês". Xangai, por outro lado, faz parte de outro imaginário, o imaginário das "terras malditas", infestadas de mistério, traições, pobreza, vícios, prostituição etc., o que foi construído e alimentado pelo cinema ocidental, movido por interesses dúbios. Pode ser que alguns filmes clássicos — *O Expresso de Xangai* (1932), com Marlene Dietrich, *Charlie Chan em Xangai* (1935) e *A Dama de Xangai* (1947) com Rita Hayworth — estivessem por trás das lembranças de Lygia antes que visse, com seus próprios olhos, a grande cidade chinesa. Porque o que a cronista tinha em mente sobre os grandes aglomerados urbanos daquele país, antes de visitá-los, eram, com certeza, suas "ruas repletas de gente miserável indo assustada de um lugar para outro assim como as formigas de um formigueiro no qual alguém afundou o pé, ah! tanta intriga naqueles flagrantes da massa a borbulhar pelas ruas como a água suja transbordando de uma pia. E na tela sempre um riquixá apático a transportar a loura heroína com seu vestido transparente e sombrinha de rendas, fugindo da rede de espiões que tramavam matar o oficial americano". Um trecho como esse resume, de modo exemplar, a "educação" oriental que gerações e gerações de ocidentais tivemos e que ainda não se dissipou de todo, haja vista a quantidade de filminhos contemporâneos com cenário nessa Ásia distante e que se esmeram em exibir apenas artes marciais, cambalhotas estonteantes ou objetos mortais de metal pontiagudo, disparados em altíssima velocidade.

A intenção de Lygia — que isso fique bem claro! — não é inaugurar uma nova visão brasileira sobre a China. Longe disso! Mas ser um depoimento honesto e sensível, cuja vantagem pode ser resumida a três itens: o da oportunidade histórica, porque feita em cima da grande virada política; o da descontaminação ideológica, venha ela de que direção vier; o da sensibilidade do escritor atento e treinado para enxergar a minúcia, com humor explícito ou não, sem receio do murmúrio da recriminação sectária.

Essa liberdade artística e mental não se alcança sem segurança, sem maturidade, sem quilometragem e sem bibliografia anterior. Diante do significado político, da magnitude profissional e da expectativa local que um convite oficial como esse gera, não é corriqueiro que, no retorno, o relato ganhe timbre artístico e pessoal, sem prejuízo da visão crítica e do humor. Afinal de contas, em caravana oficial a uma China que pretende desconstruir o estereótipo de antro oriental, não é de bom-tom surpreender, logo na escada do avião, "um chinês jovem e sério, de óculos e cabelo repartido de lado. No cocoruto da cabeça alguns fios rebeldes abriam-se num leque formando um espanador em miniatura".

Imagens como essa ou como a do tcheco cujos dentes exibiam "a tradição de bom trigo e do leite" podem não estar vestidas de sisudez acadêmica, própria dos tratados sobre política. Mas não deixam de ser eficazes, nem de revelar acuidade daquele olhar que bispa, num milésimo de segundo, a síntese de modos consecutivos, espraiados pelo tempo.

Não se vá, portanto, até Lygia na expectativa de ler asserções másculas, vazadas de modo panfletário ou eivadas de bom-mocismo. Lygia não é disso. Lygia não é de convencer pelo ímpeto da voz grossa. Lygia é de seduzir pelo veludo da voz felina. Da voz que inebria e não troveja; daquela que induz, não da que conduz. Voz de quem acolhe, sugere e emenda, não de quem explica, determina e reparte. É bem a voz de quem agrega, mas distingue, astuta que é.

ANTONIO DIMAS é professor titular de literatura brasileira na Faculdade de Filosofia, Letras e Ciências Humanas da Universidade de São Paulo (FFLCH-USP).

A Autora

Lygia Fagundes Telles nasceu em São Paulo e passou a infância no interior do estado, onde o pai, o advogado Durval de Azevedo Fagundes, foi promotor público. A mãe, Maria do Rosário (Zazita), era pianista. Voltando a residir com a família em São Paulo, a escritora fez o curso fundamental na Escola Caetano de Campos e em seguida ingressou na Faculdade de Direito do Largo São Francisco, da Universidade de São Paulo, onde se formou. Quando estudante do pré-jurídico cursou a Escola Superior de Educação Física da mesma universidade.

Ainda na adolescência manifestou-se a paixão, ou melhor, a vocação de Lygia Fagundes Telles para a literatura, incentivada pelos seus maiores amigos, os escritores Carlos Drummond de Andrade, Erico Verissimo e Edgard Cavalheiro. Contudo, mais tarde a escritora viria a rejeitar seus primeiros livros porque em sua opinião "a pouca idade não justifica o nascimento de textos prematuros, que deveriam continuar no limbo".

Ciranda de Pedra (1954) é considerada por Antonio Candido a obra em que a autora alcança a maturidade literária. Lygia Fagundes Telles também considera esse romance o marco inicial de suas obras completas. O que ficou para trás "são juvenilidades". Quando da sua publicação o romance foi saudado por críticos como Otto Maria Carpeaux, Paulo Rónai e José Paulo Paes. No mesmo ano, fruto de seu primeiro casamento, nasceu o filho Goffredo da Silva Telles Neto, cineasta, e que lhe deu as duas netas: Lúcia e Margarida. Ainda nos anos 1950, saiu o livro *Histórias do Desencontro* (1958), que recebeu o prêmio do Instituto Nacional do Livro.

O segundo romance, *Verão no Aquário* (1963), prêmio Jabuti, saiu no mesmo ano em que já divorciada casou-se com o crítico de cinema Paulo Emílio Sales Gomes. Em parceria com ele escreveu o roteiro para cinema *Capitu* (1967), baseado em *Dom Casmurro*, de Machado de Assis. Esse roteiro, que foi encomenda de Paulo Cezar Saraceni, recebeu o prêmio Candango, concedido ao melhor roteiro cinematográfico.

A década de 1970 foi de intensa atividade literária e marcou o início da sua consagração na carreira. Lygia Fagundes Telles publicou, então, alguns de seus livros mais importantes: *Antes do Baile Verde* (1970), cujo conto que dá título ao livro recebeu o Primeiro Prêmio no Concurso Internacional de Escritoras, na França; *As Meninas* (1973), romance que recebeu os prêmios Jabuti, Coelho Neto da Academia Brasileira de Letras e "Ficção" da Associação Paulista de Críticos de Arte (APCA); *Seminário dos Ratos* (1977), premiado pelo PEN Clube do Brasil. O livro de contos *Filhos Pródigos* (1978) seria republicado com o título de um de seus contos, *A Estrutura da Bolha de Sabão* (1991).

A Disciplina do Amor (1980) recebeu o prêmio Jabuti e o prêmio APCA. O romance *As Horas Nuas* (1989) recebeu o prêmio Pedro Nava de Melhor Livro do Ano.

Os textos curtos e impactantes passaram a se suceder na década de 1990, quando, então, é publicado *A Noite Escura e Mais Eu* (1995), que recebeu o prêmio Arthur Azevedo da Biblioteca Nacional, o prêmio Jabuti e o prêmio Aplub de Literatura. Os textos do livro *Invenção e Memória* (2000) receberam os prêmios Jabuti, APCA e o "Golfinho de Ouro". *Durante Aquele Estranho Chá* (2002), textos que a autora denominava de "perdidos e achados", antecedeu seu livro *Conspiração de Nuvens* (2007), que mistura ficção e memória e foi premiado pela APCA.

Em 1998, foi condecorada pelo governo francês com a Ordem das Artes e das Letras, mas a consagração definitiva viria com o prêmio Camões (2005), distinção maior em língua portuguesa pelo conjunto da obra.

Lygia Fagundes Telles conduziu sua trajetória literária trabalhando ainda como procuradora do Instituto de Previdência do Estado de São Paulo, cargo que exerceu até a aposentadoria. Foi ainda presidente da Cinemateca Brasileira, fundada por Paulo Emílio Sales Gomes, e membro da Academia Paulista de Letras e da Academia Brasileira de Letras. Teve seus livros publicados em diversos países: Portugal, França, Estados Unidos, Alemanha, Itália, Holanda, Suécia, Espanha e República Checa, entre outros, com obras adaptadas para tevê, teatro e cinema.

Vivendo a realidade de uma escritora do terceiro mundo, Lygia Fagundes Telles considerava sua obra de natureza engajada, comprometida com a difícil condição do ser humano em um país de tão frágil educação e saúde. Participante desse tempo e dessa sociedade, a escritora procurava apresentar através da palavra escrita a realidade envolta na sedução do imaginário e da fantasia. Mas enfrentando sempre a realidade deste país: em 1976, durante a ditadura militar, integrou uma comissão de escritores que foi a Brasília entregar ao ministro da Justiça o famoso "Manifesto dos Mil", veemente declaração contra a censura assinada pelos mais representativos intelectuais do Brasil.

A autora já declarou em uma entrevista: "A criação literária? O escritor pode ser louco, mas não enlouquece o leitor, ao contrário, pode até desviá-lo da loucura. O escritor pode ser corrompido, mas não corrompe. Pode ser solitário e triste e ainda assim vai alimentar o sonho daquele que está na solidão".

Lygia Fagundes Telles faleceu em 3 de abril de 2022, em São Paulo.

Na página 87, retrato da autora feito por Carlos Drummond de Andrade na década de 1970.

Esta obra foi composta
em Utopia e Trade Gothic
por Alice Viggiani
e impressa em ofsete pela
Gráfica Bartira sobre papel
Pólen Bold da Suzano S.A.
para a Editora Schwarcz
em junho de 2022

A marca FSC® é a garantia de que a madeira utilizada na fabricação do papel deste livro provém de florestas que foram gerenciadas de maneira ambientalmente correta, socialmente justa e economicamente viável, além de outras fontes de origem controlada.